CRITIQUE STRATÉGIQUE

DE LA

GUERRE FRANCO-ALLEMANDE

WŒRTH ET FORBACH

PAR

A. GROUARD

ANCIEN ÉLÈVE DE L'ÉCOLE POLYTECHNIQUE

PARIS

LIBRAIRIE MILITAIRE R. CHAPELOT ET Cie

IMPRIMEURS-ÉDITEURS

30, Rue et Passage Dauphine, 30

1905

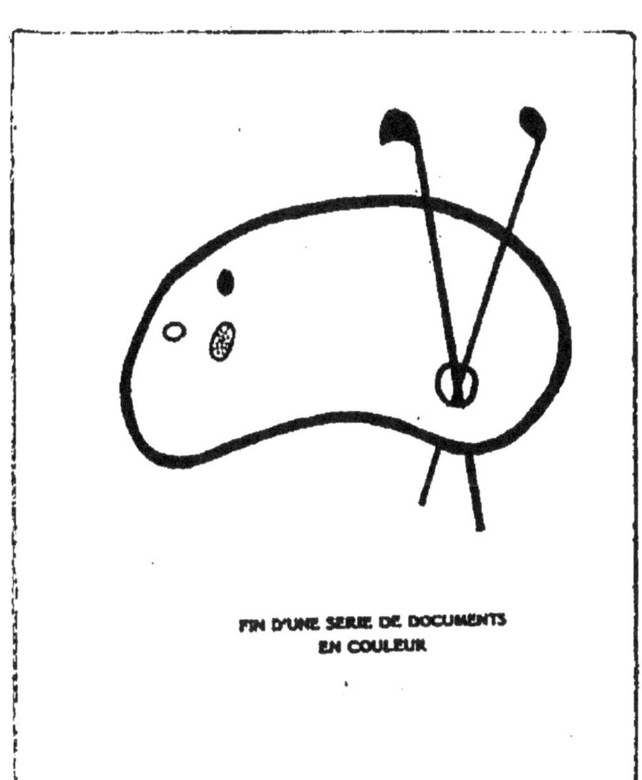
FIN D'UNE SERIE DE DOCUMENTS
EN COULEUR

CRITIQUE STRATÉGIQUE

DE LA

GUERRE FRANCO-ALLEMANDE

WŒRTH ET FORBACH

PARIS. — IMPRIMERIE E. CHAPELOT ET Cᵉ, RUE CHRISTINE, 2

CRITIQUE STRATÉGIQUE

DE LA

GUERRE FRANCO-ALLEMANDE

WŒRTH ET FORBACH

PAR

A. GROUARD

ANCIEN ÉLÈVE DE L'ÉCOLE POLYTECHNIQUE

PARIS

LIBRAIRIE MILITAIRE R. CHAPELOT ET Cie

IMPRIMEURS-ÉDITEURS

30, Rue et Passage Dauphine, 30

1905

AVANT-PROPOS

Trente ans après les événements de la guerre franco-allemande, le ministère de la guerre s'est décidé à publier les documents officiels relatifs aux opérations de cette campagne, qui a été si funeste à la grandeur française[1].

En les rapprochant de l'ouvrage du Grand État-Major allemand, on a tout ce qui est nécessaire pour bien apprécier ces événements, relier les effets obtenus aux causes qui les ont produits, et établir équitablement les responsabilités.

Nombre d'écrivains n'ont pas attendu cette publication pour étudier ces opérations à divers points de vue.

La plupart se sont attachés au détail des batailles ; nous avons nous-même à plusieurs reprises porté notre attention sur ce sujet, mais en ayant surtout en vue la manière dont ces batailles ont été amenées.

Autrement dit, c'est principalement par le côté stratégique que nous avons envisagé la suite des opérations des armées en présence, et c'est encore en nous mettant spécialement à ce point de vue que nous voulons y revenir aujourd'hui.

Or, en dehors des batailles mêmes, il est certain que les mouvements des armées qui les ont précédées ou suivies, ont leur intérêt propre ; ils entrent souvent pour une part notable dans les résultats de ces batailles, car quelques-unes ont été amenées dans de telles conditions que l'issue n'en pouvait être douteuse.

---

[1] *La Guerre de* 1870-71, rédigée par la Section historique de l'État-Major de l'Armée. (Chapelot et Cie, éditeurs.)

C'est notamment ce qui a eu lieu au moins pour l'une des deux batailles livrées le 6 août en Alsace et en Lorraine.

Ces deux batailles sont complètement distinctes au point de vue tactique; mais elles se relient si l'on considère l'ensemble des opérations. Nous dirons même que notre étude ne peut avoir d'objet et de sens qu'à la condition de les relier, car on verra manifestement que la conduite à tenir d'un côté dépendait surtout du parti que l'on prendrait de l'autre.

Si on l'avait compris, ces premiers événements de la guerre de 1870 auraient pu prendre une tout autre tournure.

C'est ce que nous nous proposons de faire ressortir dans les considérations qui vont suivre.

I

Les Préliminaires

Le 3 août 1870, la guerre était déclarée entre la France et l'Allemagne depuis quinze jours, mais aucun événement important n'avait encore eu lieu.

De part et d'autre, cette période avait été employée à former les armées d'opérations et à les transporter à proximité de la frontière.

Du côté de la France, une préparation insuffisante et des procédés de mobilisation défectueux avaient produit de graves mécomptes. On avait compté sur une armée de 400,000 hommes pour entrer en campagne; le 28 juillet on n'avait que les 200,000 hommes disponibles de l'armée du temps de paix; le 1er août l'effectif était porté seulement à 250,000 hommes.

On avait été obligé de renoncer à l'offensive que l'on avait projetée, et les troupes déjà rendues à la frontière y restaient dans un état d'inaction fâcheuse, en attendant non seulement les réservistes, mais encore le matériel et les objets de toute nature qui leur manquaient.

On sait que l'armée comprenait 7 corps d'armée plus la Garde, 3 divisions de cavalerie de réserve et une réserve générale d'artillerie. Pour les constituer on avait utilisé presque tous les corps de troupe organisés; il ne restait en dehors de cette formation qu'une division laissée dans le Midi, 4 régiments d'infanterie en Algérie, 1 brigade de deux régiments à Rome, 5 régiments de cavalerie légère et les troupes de la marine.

Pour faire quelque chose, on avait exécuté le 2 août une opération insignifiante, à laquelle avaient pris part le gros du 2e corps, avec des fractions du 3e et du 5e corps; 30,000 hommes avaient été mis en mouvement pour chasser de Sarrebruck quelques bataillons et quelques escadrons qui s'y trouvaient. Le résultat fut d'ailleurs nul, on ne passa même pas la Sarre; les troupes françaises reprirent le soir à peu près les mêmes positions en deçà de la frontière, et les conservèrent le lendemain. Le soir du 3 août, la situation des divers corps était la suivante :

Le 2e corps (Frossard), vis-à-vis de Sarrebruck ;
Le 3e corps (Bazaine), de Saint-Avold à Forbach ;
Le 4e corps (de Ladmirault), de Boulay à Bouzonville ;
Le 5e corps (de Failly), de Sarreguemines à Bitche;
La Garde (Bourbaki) est à Metz.

Ces cinq corps formaient la partie principale de l'armée entre les Vosges et la Moselle; en deux jours on aurait pu les concentrer entre Saint-Avold et Sarrebruck. De l'autre côté des Vosges, en Alsace, se trouvait le 1er corps (de Mac-Mahon) qui comprenait les troupes d'Afrique (zouaves et tirailleurs); ses quatre divisions d'infanterie occupaient Reichshoffen, Wissembourg, Haguenau et Strasbourg; dans la haute Alsace s'organisaient deux divisions du 7e corps (Félix Douay), l'une à Colmar, l'autre à Belfort; la troisième se formait à Lyon.

Enfin, le 6e corps (Canrobert) avait ses divisions au camp de Châlons, à Reims et à Paris.

Les divisions de cavalerie de réserve se formaient à Lunéville et à Pont-à-Mousson ; mais la première qui devait comprendre les chasseurs d'Afrique, n'avait encore à Lunéville que deux régiments sur quatre. La réserve générale d'artillerie était à peu près formée à Nancy.

L'effectif de l'armée atteignait à cette date le chiffre de 264,000 hommes. On savait que de nombreuses forces allemandes se réunissaient dans le Palatinat bavarois et sur la rive droite de la Sarre, tant dans la direction de Mayence que dans celle de Trèves; mais on ne croyait pas à une attaque imminente. Cependant dans la journée du 4, à la suite de renseignements reçus la nuit précédente, qui faisaient craindre que le rassemblement signalé sur la basse Sarre ne fît irruption du côté de Thionville, le 4e corps avait étendu sa gauche jusqu'à Sierck, et le 3e avait porté une division sur Teterchen pour être en mesure d'appuyer le 4e; en même temps la Garde s'était portée de Metz sur Volmérange, en arrière de Boulay.

Ces mouvements, à part celui de la Garde, au lieu de resserrer le rassemblement de l'armée, n'avaient fait qu'augmenter sa dispersion.

En Alsace, le 7e corps avait été mis sous les ordres du maréchal de Mac-Mahon, et ce dernier, en prévision d'une action sur la frontière bavaroise, aurait voulu attirer au moins la 1re division sur Strasbourg; mais, à la nouvelle, d'ailleurs fausse, d'un rassemblement allemand sur la rive droite du Rhin, vers Kandern et Lœrach, cette division avait été maintenue à Colmar.

L'armée française s'étendait donc en un mince cordon de Belfort à Thionville, n'étant pas plus capable de se défendre que d'attaquer sur aucun point.

Il paraît que l'attention de l'empereur fut appelée par le général Lebrun, sous-chef d'état-major général, sur le danger de cette dispersion, et, dans cette journée même du 4, ayant appris qu'il n'y avait rien à redouter sur la basse Sarre, Napoléon III s'était arrêté un moment à l'idée de concentrer les 2e, 3e et 4e corps autour de Boulay, la Garde se tenant toujours un peu en arrière, de manière à être en mesure de les soutenir. Mais ce dispositif fut écarté presque aussitôt que conçu, et sans doute dans le but de mieux lier le gros de ses forces avec celles qui se trouvaient en Alsace, il le remplaça par un autre projet[1] d'après lequel, dans la journée du 5, le général Frossard devait rester dans ses positions vis-à-vis de Sarrebruck; le général de Ladmirault, ramener ses troupes autour de Boulay; le maréchal Bazaine, avoir une division à Saint-Avold, une autre à Marienthal, une troisième à Puttelange (257), la quatrième suivant ses convenances; quant au général de Failly, ne laissant qu'une division à Sarreguemines, qui sera sous les ordres du maréchal Bazaine, il en aura deux à Bitche qui seront sous les ordres du maréchal de Mac-Mahon; enfin, le maréchal Canrobert doit porter sur Nancy trois de ses divisions, ne laissant en arrière que celle de Paris.

---

[1] E.-M. F., V. 207. (Ces initiales renvoient à l'ouvrage de l'État-Major général français, et les initiales G. E.-M. à l'ouvrage du Grand État-Major allemand.)

C'était en somme un mouvement général vers l'Est ; mais, par tous les faux mouvements de la journée du 4, on avait perdu deux jours pour l'exécuter, parce qu'il fallait d'abord reprendre à peu près les positions du 3 août.

Telles étaient la situation des troupes et les intentions de l'empereur, lorsqu'il reçut, vers 5 heures du soir, la nouvelle de l'attaque de Wissembourg et en même temps l'avis que Bitche était menacée ; ces renseignements le confirmèrent dans la pensée de faire exécuter à l'armée un mouvement d'ensemble vers l'Est. Il prescrivit au général de Failly de réunir à Bitche tout le 5e corps ; toutefois, la brigade Lapasset devait rester à Sarreguemines jusqu'à l'arrivée d'une division du 3e corps ; tout mouvement vers la basse Sarre devait être suspendu et la Garde ramenée à Metz. Dans la soirée arrivèrent de nouveaux renseignements faisant connaître le résultat du combat de Wissembourg.

C'était, en effet, dans cette journée du 4 août que commençait l'offensive projetée par le Grand État-Major allemand. Cependant, le déploiement stratégique des forces allemandes n'était pas complètement terminé. On sait que ces forces étaient réparties en trois armées.

La première, sous les ordres du général Steinmetz, comprenait d'abord les VIIe et VIIIe corps et la 3e division de cavalerie, qui s'étaient formées sur la basse Moselle, de Trèves à Coblentz. D'après les instructions de M. de Molke, en date du 31 juillet, cette armée devait se trouver le 3 août sur la ligne Wadern—Losheim ; à cette date, le VIIe corps était à Merzig et Losheim, le VIIIe de Wadern à Heusweiler, et la 3e division de cavalerie de Losheim à Lebach, où se trouvait le quartier général de l'armée.

Le général Steinmetz avait l'intention de porter le 4 ses forces sur la ligne Sarrelouis—Hallenhausen ; mais, au moment où il prenait ses dispositions en conséquence, il reçut l'ordre du grand quartier général de concentrer son armée sur Tholey.

Par suite, au lieu de continuer son mouvement vers la Sarre, il dirigea, le 4, le VIIe corps sur Lebach, le VIIIe sur Tholey et Ottweiler, la 3e division de cavalerie sur Saint-Wendel. M. de Moltke approuvait cette position et prescrivait de la garder jusqu'à nouvel ordre. Le chef de l'État-Major allemand avait trouvé la Iʳᵉ armée trop aventurée, à proximité de la frontière, il voulait l'empêcher de se compromettre, car elle ne pouvait pas encore recevoir l'appui de la IIᵉ armée.

Celle-ci, en effet, était encore loin de pouvoir se porter rapidement sur la Sarre; placée sous les ordres du prince Frédéric-Charles, elle devait comprendre les IIIᵉ, IVᵉ, IXᵉ, Xᵉ, XIIᵉ corps et la garde royale, avec les 5ᵉ et 6ᵉ divisions de cavalerie. La crainte d'une irruption de l'armée française avait notablement retardé son déploiement.

Au lieu de faire les débarquements à Neunkirchen et à Hombourg, à une marche de la frontière, comme on l'avait d'abord projeté, on les avait arrêtés sur le Rhin à Bingen, à Mayence et à Mannheim. Le 3 août, les corps les plus avancés se trouvaient seulement, le IIIᵉ corps à Konken et à Baumholder, le IVᵉ corps à Kaiserslautern; la cavalerie les précédait de Hombourg à Guichembach en avant de la Iʳᵉ armée; mais les autres corps étaient encore fort en arrière à Grünstadt, Durckheim et Alzey.

Le 4, pendant que la Iʳᵉ armée se rapprochait d'elle en remontant vers le Nord, la IIᵉ poussa seulement les avant-gardes de ses corps de tête jusqu'à Neunkirchen pour le IIIᵉ corps, jusqu'à Hombourg pour le IVᵉ.

La garde royale était à Frankenstein et à Ramsen, le IXᵉ corps vers Rockenhausen, le Xᵉ à Lauterecken, le XIIᵉ aux environs de Goëlheim [1], le quartier général du commandant en chef venant à Winnweiler.

Le jour même, le prince Frédéric-Charles réglait par un ordre général la continuation du mouvement. D'après cet ordre, le déploiement de la IIᵉ armée devait être terminé seulement le 7 août; à cette date, les corps de cette armée devaient être ainsi disposés [2] :

Le IIIᵉ corps à Neunkirchen, avec une avant-garde à Sulzbach; le IVᵉ corps à Deux-Ponts, avec une avant-garde à Neu-Hornbach; le Xᵉ à Bexbach, avec une avant-garde à Saint-Ingbert. La garde royale à Hombourg, le IXᵉ corps à Waldmohr et le XIIᵉ corps de Muhlbach à Landstuhl.

---

[1] G. E.-M., 2. 162.
[2] G. E.-M., 2. 165.

Alors que la Ire armée aurait pu être formée sur la Sarre le 4 août, la IIe armée ne pouvait donc aborder la frontière française avant plusieurs jours; mais il en était autrement de la IIIe armée, qui, sous les ordres du prince royal de Prusse, comprenait les Ve et XIe corps prussiens, les Ier et IIe corps bavarois, le corps Werder, formé des Wurtembergeois et des Badois, et la 4e division de cavalerie.

Cette armée s'était rassemblée des deux côtés du Rhin, à hauteur de Germersheim et de Spire.

Dès le 30 juillet, M. de Moltke avait envoyé une dépêche à son chef dans laquelle il disait que le roi considérait comme opportun, aussitôt que l'armée aurait été ralliée par les divisions wurtembergeoises et badoises, de s'avancer vers le Sud, de rechercher l'ennemi et de l'attaquer; mais le prince royal trouvant que l'organisation de son armée n'était pas encore assez complète, avait fait savoir qu'il ne serait en mesure de prendre l'offensive que le 4 août. Cette date avait été acceptée par M. de Moltke.

On avait au grand quartier général allemand des renseignements assez exacts sur la répartition des troupes françaises; on savait que le 1er corps s'était rassemblé au nord de Strasbourg et que les 2e, 3e, 4e, 5e corps et la Garde se trouvaient le long de la frontière de Bitche à Bouzonville; sans avoir des indications précises sur les 6e et 7e corps, on les croyait encore en formation, l'un à Châlons, l'autre dans le sud de l'Alsace. Mais ce déploiement pouvait se modifier, et l'on se demandait notamment si le maréchal de Mac-Mahon ne s'était pas porté d'Alsace sur la Sarre pour rallier le gros des forces françaises[1]; c'est pour être promptement fixé sur ce point, que l'on jugea bon de pousser la IIIe armée au delà de la frontière.

Si l'on apprenait que le 1er corps français s'était porté sur le versant occidental des Vosges, on avait l'intention de laisser seulement un corps devant Strasbourg et d'amener le gros de la IIIe armée vers la Sarre, en lui faisant longer la frontière du Palatinat. Dans le cas où, au contraire, cette armée rencontrerait en Alsace des forces importantes; ce n'est qu'après les avoir refoulées, qu'elle devait combiner directement ses opérations

---

[1] G.E.-M., 2. 135.

avec les deux autres. C'est avec ces instructions que la IIIe armée s'était mise en mesure de se porter le 4 août sur la Lauter.

Ainsi tandis que M. de Moltke ramenait en arrière la Ire armée, pour la rapprocher de la IIe, il poussait la IIIe en avant et dans de telles conditions qu'elle ne pouvait être soutenue rapidement d'aucune manière, car la IIe armée ne devait progresser que très lentement pendant les jours suivants.

Sans doute, tout a réussi aux Allemands; cependant nous n'hésitons pas à dire que les combinaisons adoptées par M. de Moltke dans cette circonstance étaient essentiellement défectueuses.

Il avait l'heureuse chance d'avoir devant lui des adversaires absolument incapables d'apprécier les avantages que leur présentait la frontière pour la défensive ; autrement, l'exécution de l'opération qu'il prescrivait à la IIIe armée aurait dû amener sa défaite.

Qu'on suppose, en effet, l'armée française rassemblée à cheval sur les Vosges, ayant plusieurs corps entre Bitche, Sarreguemines et Sarre-Union, avec des corps d'observations à droite, vis-à-vis de la Lauter, à gauche, vis-à-vis de Sarrebruck et de Sarrelouis, et des réserves à Metz, à Nancy et à Belfort. On pouvait au premier signal de l'offensive de la IIIe armée, et pendant que le 1er corps se retirait en combattant, sans se compromettre, porter en Alsace la masse centrale, comprenant par exemple les 3e, 5e corps et la Garde, sans compter ce qu'on aurait pu y amener par les voies ferrées.

Or, en supposant qu'on fît arriver seulement une division par chacune des lignes de Belfort à Haguenau, de Nancy à Saverne et de Metz à Niederbronn, on aurait pu, au bout de quarante-huit heures, opposer 150,000 hommes à la IIIe armée allemande.

L'armée française était excellente, la Garde et les troupes d'Afrique comprenaient 30,000 hommes d'élite, comme il n'y en avait pas dans la IIIe armée, qui, à côté des deux corps prussiens, avait 60,000 Bavarois de médiocre valeur. Il n'est pas douteux que, dans ces conditions, l'armée allemande aurait éprouvé une véritable défaite.

Or, nous dirons que, non seulement on voit bien après coup

ce qu'on aurait pu faire, mais qu'on aurait dû y être conduit, si l'on s'était rendu compte des propriétés stratégiques du théâtre des opérations et des avantages qu'il présentait pour la défensive stratégique. Dès qu'on avait été obligé de renoncer à l'offensive, on aurait dû au moins se préparer à résister à l'invasion allemande. Par les renseignements que l'on avait au sujet des rassemblements ennemis, on devait être amené à penser qu'en prenant l'offensive, nos adversaires suivraient probablement deux lignes d'opérations séparées par les Vosges. Dès lors, il fallait se proposer de refuser une des deux attaques et de réunir le gros des forces françaises pour les opposer à l'autre.

La difficulté aurait consisté à choisir le côté par où il convenait d'agir; cela dépendait des circonstances, il fallait se tenir prêt à concentrer le gros de l'armée d'un côté ou de l'autre, et à cet effet occuper une position centrale. Avec les dispositions de M. de Moltke, le choix n'eut pas été difficile à faire. Puisqu'il poussait une de ses armées en avant, en retenant les autres, c'était la première qu'il fallait aller combattre, en se contentant d'observer ces dernières. On y aurait été nécessairement conduit, si l'on avait envisagé préalablement les différentes hypothèses possibles; et par suite, la IIIe armée essayant de pénétrer en Alsace, eût été complètement battue.

On objectera peut-être à ces considérations que si les chefs de l'armée française avaient adopté les dispositions que nous venons d'indiquer, M. de Moltke l'aurait su à peu près, et qu'alors il aurait sans doute modifié les siennes. Mais il faut remarquer qu'il ne pouvait pas être renseigné au jour le jour sur le mouvement de nos divers corps, et que si en réalité il a connu assez bien leurs positions, c'est qu'ils sont restés plusieurs jours sans bouger. Or, si seulement à partir du 3 août, au lieu de s'étendre vers la gauche, on eût appuyé du côté opposé, en portant le 3e corps sur Sarreguemines, et en appelant le 6e sur les Vosges, on eût été encore en mesure d'effectuer une concentration rapide en Alsace, et M. de Moltke n'en aurait probablement rien su. Nous montrerons même plus loin que dans la situation réelle, cette concentration n'était pas encore impossible. M. de Moltke, en poussant la IIIe armée en Alsace sans qu'elle pût être appuyée par aucun corps des deux autres, commettait donc une imprudence. Mais, grâce à l'incurie de ses adversaires, cette armée au lieu de trouver la défaite à laquelle elle s'exposait, allait marcher de succès en succès.

La IIIe armée occupait le 3 au soir les positions suivantes :

A Bergzabern, la 4e division (Bothmer) du IIe corps bavarois; un peu en arrière, le Ve corps prussien à Billigheim, le XIe à Rohrbach ; le reste du IIe corps bavarois à l'ouest de Germersheim (G. E.-M., 172) ; la division badoise était sur la rive gauche du Rhin, vers Hagenbach ; la division wurtembergeoise, encore sur la rive droite, à Knielingen. Enfin, la 4e division de cavalerie, à peu près constituée, se trouvait à Offenbach, à l'est de Landau, et le 1er corps bavarois près de Germersheim.

Pour exécuter les instructions qu'il avait reçues, le prince royal, ayant donné ses ordres le 3 dans l'après-midi, mit son armée en mouvement le 4 au matin.

Le IIe corps bavarois, le Ve corps et le XIe se portèrent simultanément sur la Lauter, qu'ils devaient atteindre, le premier à Wissembourg, les deux autres à Saint-Rémy et Bienwald-Hutte. Le corps Werder devait marcher sur Lauterbourg, le 1er bavarois sur Langenkandel, et la 4e division de cavalerie vers Ober-Otterbach.

A 8 heures, la division Bothmer, qui tenait la tête du IIe corps bavarois, arriva en vue de Wissembourg.

La division Abel Douay (2e du 1er corps français) était établie depuis la veille au soir au sud de la place ; mais elle était réduite à huit bataillons, ayant laissé un bataillon à Selz et le 78e tout entier au col du Pigeonnier pour se lier à la 1re division, dont la tête occupait depuis la veille Lembach et Climbach ; elle avait avec elle ses trois batteries et sept escadrons et demi de cavalerie légère, ce qui portait l'effectif des combattants à 5,200 fantassins, 900 sabres et 18 pièces, dont 6 mitrailleuses. Un bataillon du 74e occupait Wissembourg.

L'action s'engagea à 8 h. 45 ; une division bavaroise, une division de chacun des Ve et XIe corps prussiens y prirent part. Après une brillante résistance, la division Abel Douay se mit en retraite par le Pigeonnier sur Lembach. Le général Ducrot et le maréchal de Mac-Mahon, qui arrivait de Strasbourg, purent voir ce qui se passait du Pigeonnier où ils s'étaient portés. Ils estimèrent l'effectif des troupes de la IIIe armée, qu'ils avaient sous les yeux, à 80,000 hommes.

En présence de ces forces supérieures, le maréchal de Mac-Mahon se décida à réunir tout le 1er corps sur la Sauer.

La 3e division s'y trouvait déjà, y étant arrivée de Haguenau dans la journée; la 1re et la 2e divisions, après avoir passé la nuit aux environs de Lembach, s'y rendirent dans la matinée du 5, l'une par la rive droite, l'autre par la rive gauche de la rivière; la 4e division, qui le 4 s'était portée de Strasbourg sur Haguenau, continua son mouvement par une marche de nuit et arriva sur la Sauer, près de Günstett, à 3 heures du matin; c'était lui imposer une fatigue bien inutile, car il eût été suffisant de la mettre en marche à la pointe du jour. L'artillerie de réserve fit de même en se dirigeant sur Mertzwiller; elle se trouva réunie le 5 au matin près de Reichshoffen. La brigade de cuirassiers Michel, qui l'accompagna pendant la marche, vint se placer près d'Eberbach, derrière la 4e division; la cavalerie légère et les lanciers étaient répartis dans les divisions.

Enfin, la division de cuirassiers Bonnemains, arrivée le matin du 5 à Haguenau, après une marche de nuit, en repartit le jour même et arriva à Reichshoffen à 3 heures de l'après-midi. Avec cette division, le maréchal de Mac-Mahon disposait d'environ 43,000 hommes; ce ne pouvait être suffisant pour lutter contre une armée dont l'effectif atteignait au moins le double de ce nombre.

Pour résister aux forces allemandes, il lui fallait donc de puissants renforts. D'abord, il prescrivit au général Félix Douay de lui envoyer une division sur Haguenau.

Le commandant du 7e corps, malgré ses préoccupations au sujet des rassemblements allemands qu'on lui avait signalés en face de lui sur le haut Rhin, s'était décidé à faire embarquer la division Conseil-Dumesnil pour la diriger sur la Sauer. Le mouvement commença pendant la nuit du 4 au 5 par la 1re brigade, qui arriva à Reichshoffen à 2 heures de l'après-midi; la 2e suivit et débarqua dans la nuit du 5 au 6; mais l'artillerie divisionnaire, par suite de l'encombrement de la gare de Haguenau, où elle devait débarquer, ne put arriver sur le champ de bataille en temps utile, non plus que deux bataillons du 21e. La division Conseil-Dumesnil, incomplète et privée de son artillerie, donnait au maréchal un renfort de 7,000 hommes. Mais, pendant que le maréchal prenait ces dispositions pour les troupes qui étaient déjà sous ses ordres, il avait rendu compte de sa situation à l'empereur en lui demandant des renforts.

Par une première dépêche expédiée du Pigeonnier à 2 h. 30 et de Haguenau à 5 h. 30, il faisait connaître la retraite de la division Douay (2e) et son projet de concentrer sur la Sauer le 1er corps, ainsi que la division Conseil-Dumesnil et la division Bonnemains. Il annonçait que, s'il était obligé de continuer la retraite, il se retirerait sur Lemberg et Meisenthal (route Ingwiller à Sarreguemines par Rohrbach).

Dans une seconde dépêche envoyée de Reichshoffen à 10 heures du soir, il disait que pour reprendre l'offensive avec avantage[1] il lui faudrait au moins trois divisions de renfort.

Quand l'empereur reçut la première de ces dépêches, vers 9 heures du soir, il persista dans les dispositions qu'il avait prises l'après-midi au sujet des mouvements à exécuter le lendemain par les 3e, 4e et 5e corps ; entrant même dans le détail des mouvements du 3e corps, il prescrivit au maréchal Bazaine de porter la division Montaudon sur Sarreguemines, Castagny sur Puttelange, Metman à Marienthal et Decaen à Saint-Avold ; le 4e corps doit toujours ramener ses troupes autour de Boulay, tout en faisant une reconnaissance sur Sarrelouis. Ces divers mouvements devaient s'exécuter sous la protection du 2e corps, qui devait rester en position devant Sarrebruck, sauf à se retirer dans la direction de Saint-Avold s'il était attaqué par des forces supérieures ; le 5e corps n'eut pas d'abord d'autre ordre que de se réunir à Bitche.

Quant à la Garde, le major général, ne voyant pas la nécessité de la ramener à Metz, comme l'empereur l'avait d'abord prescrit, avait proposé de la diriger sur Saint-Avold, ce qui était certainement plus judicieux ; l'empereur adopta un moyen terme en la ramenant seulement sur Courcelles-Chaussy, où elle eut l'ordre de se porter le lendemain ; enfin, le 6e corps devait commencer le 6 son mouvement sur Nancy par voie ferrée. Il serait

---

[1] E.-M. F., V. 234.

difficile de justifier ces dernières dispositions. La Garde ne devait pas être mieux placée à Courcelles-Chaussy qu'à Metz. En outre, on ne voit pas l'avantage de porter le 6e corps à Nancy, où il était encore à trois jours de marche du point le plus rapproché de la frontière. Si l'on voulait se réserver de le porter rapidement en Alsace ou en Lorraine, on pouvait le laisser au camp, pour éviter deux transports successifs, et, si déjà on avait l'idée de l'employer en Lorraine, on pouvait tout aussi bien l'amener jusqu'à Saint-Avold, sauf à laisser une division à Metz, afin que l'armée d'opération n'eût pas à s'occuper de la sécurité de cette place.

Mais il est probable que l'empereur ne savait pas bien au juste ce qu'il voulait.

Le major général lui soumit un projet élaboré par le général Lebrun et qui consistait à jeter deux ou trois corps sur Hombourg, par Sarreguemines et Bliescastel. Cette proposition, qui aurait pu être fort opportune à la fin de juillet, était déraisonnable le 5 août; car ces deux ou trois corps auraient été lestement ramenés par la IIe armée allemande.

On en aurait été rapidement convaincu si l'on s'était tant soit peu rendu compte de la situation des forces allemandes. Il est vrai qu'on ne la connaissait pas d'une manière complètement exacte, mais ce que l'on en savait était suffisant pour faire comprendre avec évidence que depuis plusieurs jours le moment d'une invasion sur le territoire ennemi était passé. En présence de l'invasion de l'Alsace, on devait se dire que les forces que l'on savait en nombre considérable au delà de la Sarre, devaient être bientôt prêtes, elles aussi, à se porter en avant, et qu'au lieu d'aller les chercher au delà de la frontière, il était préférable de les attendre en deçà, non pas avec l'idée arrêtée de livrer des batailles exclusivement défensives en Lorraine comme en Alsace, et surtout de ne pas le faire simultanément des deux côtés des Vosges, mais avec la résolution de manœuvrer entre les diverses masses allemandes, et de leur faire tête successivement si elles s'avançaient sans se tenir bien ensemble.

Il est vrai que l'empereur ne crut pas devoir donner suite immédiatement à la proposition qui lui fut faite de prendre l'offensive au delà de la Sarre; mais ce n'est pas parce qu'il la croyait impraticable; il paraît que ce fut seulement la question des vivres qui l'en empêcha, et il devait y revenir le jour suivant, sans se douter de l'offensive dont il était lui-même menacé et dont le combat de Wissembourg était cependant un prélude assez significatif. Aussi ne prit-il aucune mesure pour y parer; il se contenta de former avec ses forces deux armées distinctes; le 5 août, en effet, il décida qu'à partir de ce jour les 1er, 5e et 7e corps seraient placés sous les ordres du maréchal de Mac-Mahon, et en même temps les 2e, 3e et 4e corps sous les ordres du maréchal Bazaine, en ce qui concerne les opérations militaires.

L'empereur ne conservait ainsi sous ses ordres directs que la Garde et le 6e corps qui devait toujours être transporté du camp de Châlons à Nancy. Le major général avisa les intéressés de ces importantes dispositions.

Quand le général de Failly en eut connaissance dans l'après-midi du 5, il avait déjà en partie exécuté les ordres qu'il avait reçus la veille.

Dès le soir du 4, il avait concentré sa 1re division à la ferme de Wising et le gros de la 2e à Neunkirchen, en ramenant sur Sarreguemines la brigade Lapasset, qui s'étendait jusqu'à Grosbliederstroff, et il avait donné ses instructions pour la marche du lendemain sur Bitche. La 1re division devait marcher en tête et l'artillerie de réserve derrière elle; la 2e division devait suivre.

Conformément à ces ordres, les troupes du 5e corps qui étaient à Sarreguemines, se mirent en mouvement pour Bitche le 5 au matin, sauf la brigade Lapasset. La 1re division arriva à 4 heures à la ferme Freudenberg, près de Bitche. Le général de Failly était dans la place depuis 2 heures; ayant été averti que la marche de la division Goze avait été très pénible à cause de la chaleur et de la distance à parcourir[1], il prescrivit au général de L'Abadie de faire le trajet en deux jours et de s'arrêter le 5 à Rohrbach; quant à la brigade Lapasset, l'arrivée tardive de la division Montaudon, qui ne se montra qu'à 5 heures, l'amena à rester à Sarreguemines; le commandant du 5e corps l'autorisa à n'en partir que le lendemain.

---

[1] E.-M.F., VI. 91.

C'est pendant qu'il prenait ces dispositions que le général de Failly reçut la dépêche du major général, lui annonçant qu'à dater de ce jour il était placé sous les ordres du maréchal de Mac-Mahon, et un peu plus tard, une dépêche de ce dernier qui l'invitait à venir le rejoindre le plus tôt possible.

Vers 5 heures, une seconde dépêche du major général lui renouvelait la recommandation de se mettre en communication avec le maréchal et de se conformer à ses ordres ; enfin, vers 5 h. 30, il reçut une autre dépêche par laquelle le maréchal lui demandait quel jour et par où il se rallierait.

Le général de Failly répondit à 6 heures : « La division de Lespart est seule à Bitche et partira à 6 heures du matin pour vous rejoindre. Les autres divisions suivront par la route de Niederbronn aussitôt leur arrivée à Bitche ».

Plus tard, le maréchal de Mac-Mahon lui demanda de faire occuper Lemberg : « c'est de la dernière urgence, disait-il[1] ».

Et, en effet, Lemberg est à quelques kilomètres au sud de Bitche, sur la route de Rohrbach à Ingwiller, par où l'ennemi, venant de Deux-Ponts, pouvait déboucher sur les derrières de l'armée française qui allait livrer bataille sur la Sauer. Il était essentiel que le maréchal fût affranchi de cette préoccupation, et rationnel qu'en appelant à lui le gros du 5e corps, il recommandât à son chef de faire occuper cette position, d'autant mieux choisie qu'elle commande à la fois la route d'Ingwiller et celle de La Petite-Pierre par le Püberg.

Mais il n'eût pas été superflu, en faisant cette recommandation au général de Failly, de lui en faire connaître la raison, car ce dernier ne savait pas au juste ce qui se passait en Alsace, ni quelle était l'intention du maréchal.

Aussi ne comprit-il pas la nécessité de faire occuper Lemberg ; il crut même que l'on s'était trompé et qu'il s'agissait de Lembach, sur la route de Bitche à Wissembourg, position que le général Ducrot avait évacuée dans la matinée ; en rendant compte de ses incertitudes, à 9 heures du soir, le général de Failly demandait qu'on lui fît connaître l'effectif des troupes à

---

[1] E.-M. F., VI. 20.

envoyer ; en attendant, il prit ses dispositions pour porter le lendemain sur Lembach la division Guyot de Lespart.

Mais bientôt il comprit qu'on ne l'appelait pas sur Lembach. Car, à 11 heures, il reçut encore une dépêche où le maréchal lui disait : « Venez à Reichshoffen avec tout votre corps d'armée le plus tôt possible. » Il n'est plus question de Lemberg dans cette dépêche ; mais le maréchal, qui en l'envoyant n'avait pas encore connaissance des hésitations du général de Failly, pouvait croire sa première recommandation suffisante.

Il faut d'ailleurs reconnaître que le maréchal de Mac-Mahon attachait encore à la position Lemberg d'autres propriétés. Dès l'après-midi du 4, en annonçant à l'empereur l'échec de Wissembourg et son intention de réunir ses forces sur la Sauer, il ajoutait[1] : « Nous défendrons les positions, en battant en retraite si nous y sommes forcés, sur Lemberg et Meisenthal. » Or, autant il était urgent d'occuper Lemberg, face à Sarreguemines, pour livrer bataille sur la Sauer en sécurité, autant il était dangereux de s'y retirer après avoir essuyé une défaite en Alsace ; car on y était suivi par la IIIe armée allemande, et en même temps on avait à craindre l'intervention de la IIe armée débouchant de Bliescastel et Deux-Ponts sur Sarreguemines et Rohrbach. Il est vrai qu'au moment où le maréchal faisait connaître ses intentions à l'empereur, il ne savait pas que le 5e corps allait être mis à sa disposition, et il pouvait supposer qu'en se repliant sur Lemberg il se lierait à ce corps d'armée, qui aurait pour mission de tenir tête à la IIe armée. Mais il est clair que les deux corps réunis (1er et 5e) ne pouvaient résister à la fois à la IIIe armée arrivant d'Alsace et à une forte fraction de la IIe débouchant par le Nord, et qu'ils auraient été pris entre ces deux armées comme dans un étau.

Il en eût été autrement si, pendant que le 1er corps se retirait à travers les Vosges en défendant le terrain pied à pied, l'armée française de Lorraine eût été en mesure de déboucher de la Sarre et de refouler la IIe armée allemande au delà de Deux-Ponts et de Hombourg.

Dans de pareilles conditions, le maréchal de Mac-Mahon n'au-

[1] E.-M. F., V. 233.

rait pu rien faire de mieux que de se retirer sur Lemberg, en dirigeant sa division de droite (face à la IIIe armée) par La Petite-Pierre. Il aurait eu du champ derrière lui ; rien à redouter de grave, quand même la IIIe armée aurait occupé Saverne. Au contraire, en se liant au gros de l'armée, il pouvait en être secouru, dès qu'elle aurait obligé la IIe armée allemande à la retraite. Mais le 5 août on était loin de pouvoir envisager de pareilles éventualités. Il s'en fallait que les corps de la Sarre fussent prêts pour une offensive qui, d'ailleurs, à ce moment, ne pouvait plus les conduire qu'à la défaite. Dès lors, même en supposant que le 5e corps restât entre Bitche et Sarreguemines, le 1er ne devait pas se retirer sur Lemberg, mais sur Saverne ; il devait seulement envoyer une division par Ingwiller et le Pfâberg sur La Petite-Pierre, pour protéger la retraite du 5e corps, que celle du 1er devait forcément entraîner. Il est manifeste, en effet, qu'il fallait tenir la communication Ingwiller—Rohrbach par les deux bouts ou l'abandonner complètement, et que le 5e corps ne pouvait rester aux environs de Bitche, pendant que le 1er se retirait sur Saverne ; autrement, c'est lui qui aurait été pris à revers par la IIIe armée allemande, comme le maréchal pouvait l'être par la IIe en sens inverse, si le 5e corps tout entier venait à lui sur la Sauer.

C'est pour cela, croyons-nous, qu'il lui demandait d'occuper Lemberg, en lui disant que c'était de la dernière urgence.

Nous adoptons cette manière de voir, parce que toute autre interprétation de la dépêche concernant Lemberg ne nous paraît pas raisonnable. Il n'en est pas moins vrai que le maréchal voulait attirer à lui le gros du 5e corps, sauf ce qui était nécessaire pour assurer ses derrières. La dépêche reçue à 11 heures par le général de Failly ne laissait aucun doute à cet égard ; mais il eût été bon d'être un peu plus explicite, de manière à ne laisser place à aucune hésitation dans l'esprit du chef de 5e corps.

D'ailleurs, il est manifeste que le mouvement du 5e corps sur Reichshoffen ne l'empêchait pas de fournir le détachement nécessaire pour protéger en arrière la position prise par le maréchal. Mais en réalité, le général de Failly ne fit rien pour répondre à la demande de son nouveau chef.

Les dépêches qu'il reçut, tant du major général que du maréchal de Mac-Mahon, ne l'amenèrent pas à modifier ses dispositions ; il laissa le 5 la division de Lespart autour de Bitche, sous le prétexte de ne pas abandonner cette place avant l'arrivée de la division Goze.

Ainsi voilà une place forte très bien située pour faciliter les communications de Sarreguemines avec Wissembourg ou Niederbronn, et au lieu de profiter de la sécurité qu'elle donnait, on immobilise une division pour la protéger elle-même.

Une pareille faute est à peine croyable et le général de Failly devait la renouveler le lendemain ; elle suffit à donner la mesure de l'incapacité de celui qui l'a commise.

En même temps, la division de L'Abadie et l'artillerie de réserve allaient rester à Rohrbach et à Sarreguemines. Rien ne peut excuser l'incurie du général de Failly.

On pourrait peut-être essayer de plaider les circonstances atténuantes en faisant remarquer que les nouvelles instructions que venait de recevoir le chef du 5e corps, le jetaient brusquement dans une voie toute nouvelle, et qu'il n'était nullement préparé à y entrer. Au contraire, les jours précédents il avait pu se croire plutôt destiné à appuyer le 2e corps sur la Sarre, que le 1er en Alsace ; de plus, il a pu être influencé par l'ordre de laisser une brigade à Sarreguemines jusqu'à l'arrivée d'une division du 3e corps, ordre qui pouvait le porter à croire nécessaire d'assurer la liaison, entre les troupes d'Alsace et celles de la Sarre. Mais ces considérations ne peuvent pas suffire à justifier sa conduite. En somme, les instructions qu'il avait reçues, tant du major général que du maréchal de Mac-Mahon, étaient nettes et précises ; les unes lui disaient qu'il passait sous les ordres du commandant du 1er corps, les autres d'aller joindre le maréchal le plus tôt possible en faisant occuper Lemberg.

Il n'y avait pas d'ambiguité et, si, le chef du 5e corps voulait des éclaircissements, il n'avait qu'à les demander.

Ce n'est pas que la pensée d'assurer la liaison entre le 1er corps et les forces de Lorraine fut déraisonnable : on peut dire, au contraire, que ce devait être une des données essentielles de la direction de nos opérations, il fallait éviter de faire un vide entre les deux fractions de nos forces, en permettant à l'ennemi de s'y jeter de manière à rompre nos communications intérieures.

Il était rationnel de s'en préoccuper, mais c'était surtout l'affaire de l'état-major général ; le général de Failly pouvait bien, s'il le jugeait utile, appeler l'attention de l'empereur sur ce point, mais cela ne devait pas l'empêcher d'exécuter, sans perdre de temps, les ordres qu'il avait reçus du maréchal de Mac-Mahon, d'autant plus qu'il savait que la division Montaudon était dirigée sur Sarreguemines, et que, par conséquent, l'utilité de ne pas abandonner les positions qu'il allait quitter, n'était pas complètement perdue de vue par le généralissime.

En recevant les premières instructions du maréchal de Mac-Mahon, le général de Failly aurait donc dû en commencer de suite l'exécution. Il pouvait encore le jour même porter la division Guyot de Lespart à Philippsbourg, le gros de la division Goze près de Bitche, et prescrire à la brigade Lapasset de marcher sur Rohrbach. Comme à 3 h. 30 on savait que Montaudon n'était plus qu'à 4 kilomètres de Sarreguemines, Lapasset aurait pu atteindre au moins Gros-Rederching à quelques kilomètres de Rohrbach. Le lendemain, deux divisions auraient été portées sur Reichshoffen avec une partie de l'artillerie de réserve, tandis que le reste du corps d'armée serait resté de Bitche à Rohrbach.

Mais nous remarquerons maintenant que, quoique le général de Failly n'ait tenu aucun compte, dans l'après-midi du 5 août, des instructions du maréchal de Mac-Mahon, la situation n'était pas absolument compromise ; avec de l'activité on pouvait encore le lendemain rattraper le temps perdu. On était au mois d'août, le général de Failly pouvait mettre la division de Lespart en marche à 4 heures du matin ; elle serait arrivée à Niederbronn, vers 10 heures ; elle pouvait être suivie de la division Goze et d'une partie de l'artillerie de réserve qui y seraient arrivées de midi à 2 heures. Quant à la division de L'Abadie qui était encore partie à Sarreguemines, partie à Rohrbach, elle ne pouvait arriver en temps utile sur le champ de bataille ; mais on pouvait la réunir entre Rohrbach et Bitche, où elle était en mesure de protéger éventuellement la route d'Ingwiller par Lemberg ; alors même que la brigade Lapasset aurait été retenue à Sarreguemines, la brigade de Maussion avec un régiment de lanciers et les deux batteries à cheval du corps d'armée auraient suffi à remplir ce rôle. De cette façon, toutes les prescriptions du maréchal de Mac-Mahon s'exécutaient; l'arrivée de deux divisions du 5e corps lui donnait 70,000 hommes.

Mais le général de Failly devait se montrer le 6 aussi inerte que la veille; il ne mit en marche la division de Lespart qu'à 6 heures du matin, et crut devoir conserver la division Goze, autour de Bitche, parce qu'il craignait d'y être attaqué et qu'il croyait de son devoir de rester maître de cette place. Il n'y a pas de nom pour qualifier une détermination ainsi motivée, que n'expliquent nullement les doctrines qui régnaient dans l'armée française, mais qui décèle une absence complète de sens commun[1].

Le maréchal de Mac-Mahon fut averti de ces dispositions par une dépêche que le général de Failly lui envoya le 6, à 3 heures du matin, et où il disait qu'il ne pouvait disposer que d'une division. Il l'en avait déjà prévenu le 5 au soir. C'était tout ce que pouvait attendre le maréchal dans la journée du 6; l'arrivée de cette division aurait porté ses forces, à près de 60,000 hommes, en supposant qu'il eut tout son monde sous la main; or, divers détachements étaient encore dans la vallée du Rhin, le 87e était laissé à Strasbourg; dans ces conditions c'est tout au plus si après la jonction de la division de Lespart, il aurait pu mettre en ligne 55,000 hommes. Ce ne pouvait être suffisant pour lutter contre une armée que lui et le général Ducrot avaient estimée, le soir du 4, à 80,000 hommes, et il était raisonnable de penser que ce n'était pas tout. Mais le maréchal était convaincu qu'il ne serait pas attaqué le 6; il ne donna plus aucun ordre pressant au commandant du 5e corps. Loin de lui dire de hâter l'envoi de son corps d'armée, il l'invitait seulement à envoyer le 6, jusqu'à Philippsbourg, la division qui lui était annoncée.

En attendant, il allait rester avec 45,000 hommes en face de la IIIe armée allemande qui, en réalité, en avait 140,000, et malgré cette infériorité, il n'était nullement disposé à battre en retraite. Il comprenait bien qu'il ne pouvait plus être question de reprendre immédiatement l'offensive; mais l'engagement du combat ne dépendait pas de lui seul, et si les Allemands en pre-

---

[1] Le général de Failly a dit aussi pour justifier ses dispositions qu'il avait l'ordre formel de rester lié autant que possible avec le 2e corps. Or il n'y a rien de semblable dans les instructions qui lui ont été envoyées le 4 et le 5.

mieux l'initiative, il allait se trouver dans l'impossibilité de le soutenir avec succès.

Tandis que le maréchal de Mac-Mahon s'exposait ainsi à une rencontre désastreuse en Alsace, les corps de Lorraine avaient exécuté les mouvements prescrits par l'empereur dans la soirée du 4.

Au 3e corps, la 1re division s'était portée le 5 de Rosbruck sur Sarreguemines, mais deux de ses régiments ayant été détachés sur Forbach et Haut-Hombourg, on avait cru devoir les attendre avant de se mettre en route. On n'était parti qu'à midi et l'on n'arriva qu'à 5 heures; c'est ce qui avait empêché la brigade Lapasset, du 5e corps, de se porter sur Rohrbach. Il est certain que rien ne s'opposait à ce que le général Montaudon ne se mit en route à la pointe du jour avec le gros de sa division, sans attendre les détachements; mais il faut reconnaître que pour qu'il se hâtât, il eût été convenable de lui en montrer la nécessité; or, rien dans les instructions qui lui ont été adressées, n'était de nature à faire croire qu'il y avait lieu de se presser. En même temps les 2e et 3e divisions s'étaient portées de Saint-Avold à Puttelange, et de Ham-sous-Varsberg à Marienthal; la 4e était venu à Saint-Avold où étaient restés l'artillerie de réserve et le gros de la cavalerie, et où était revenu le quartier général du 3e corps.

Le 4e corps s'éloignant de la Moselle était venu s'établir de Boulay à Bouzonville; au 2e corps, le général Frossard ne se trouvant plus soutenu à droite par le 5e corps, à gauche par le 3e, s'était trouvé en l'air et avait quitté les abords de Sarrebruck, pour revenir à Forbach.

C'était encore une mesure fâcheuse qui abandonnait à l'ennemi tous les débouchés de la Sarre aux abords de Sarrebruck et lui permettait de franchir la rivière sans trouver aucune résistance.

Le général Frossard n'avait rien à craindre en restant dans une position plus avancée, car il disposait de 30,000 hommes et avec une pareille force, il pouvait toujours, s'il était attaqué par des forces supérieures, non pas accepter la lutte de pied ferme, sur une position choisie à l'avance; mais se retirer, en combattant dans la direction de Saint-Avold, ou dans celle de Puttelange, où il était sûr de trouver un appui. Mais avant de s'éloigner de

Sarrebruck pour revenir sur Forbach, il avait demandé l'assentiment de l'empereur qui le lui avait donné.

Les inconvénients de ce mouvement rétrograde furent encore aggravés par l'heure tardive à laquelle il s'exécuta. Les troupes ne s'installèrent au bivouac entre Spicheren et Forbach qu'au milieu de la nuit par un très mauvais temps qui les empêcha de se reposer.

Même en admettant qu'il y eût avantage à se retirer quelque peu en arrière, il est évident qu'il n'y avait pas urgence, et qu'on pouvait remettre le mouvement au lendemain matin, en faisant seulement le soir quelques préparatifs.

Enfin, la Garde s'était portée sur Courcelles-Chaussy, et les divisions du 6ᵉ corps qui étaient au camp de Châlons, avaient reçu l'ordre de commencer le lendemain le mouvement par voie ferrée, qui devait les amener sur Nancy. Ce n'était pas avec de pareilles dispositions que l'armée française allait être en mesure de résister à l'attaque des armées allemandes qui était imminente.

Cependant, l'empereur s'attendait à cette attaque à bref délai, car le service des renseignements signalait depuis plusieurs jours la présence de forces ennemies nombreuses sur la droite de la Sarre, et il était rationnel de penser qu'elles allaient entrer en ligne à peu près en même temps que celles qui avaient livré le combat de Wissembourg.

Aussi Napoléon III, dans la soirée du 5, fit-il prévenir le maréchal Bazaine et le général Frossard qu'il désirait le lendemain les voir à Saint-Avold. Il voulait s'entendre avec eux sur les dispositions à prendre pour livrer bataille ; mais les événements allaient marcher plus vite qu'il ne le pensait, et la bataille devait s'engager au moment même où devait avoir lieu la réunion.

Cependant, il n'était pas encore dans les intentions du grand quartier général allemand de prendre l'offensive sur la Sarre et de passer la frontière.

La 1ʳᵉ armée, qui s'était repliée le 4 sur Lebach, Tholey et Saint-Wendel, devait d'abord y rester jusqu'à nouvel ordre, d'après les instructions de M. de Moltke. Là, elle eût été en mesure de recevoir le renfort du 1ᵉʳ corps et de la 1ʳᵉ division de cavalerie, qui, après avoir été d'abord maintenus en Allemagne, venaient de lui être attachés, en même temps que le IIe corps était affecté à la IIe armée et le VIe corps avec la 2e division de cavalerie à la IIIe armée.

La Ire armée devait être ainsi portée à près de 100,000 hommes; en se dirigeant le 4 sur Saint-Wendel et Ottweiler, elle se trouvait sur les lignes de marche que devait suivre les jours suivants la IIe armée; le IIIe corps, qui formait la droite de cette dernière, devait en effet atteindre le 5 Saint-Wendel et le 6 Neunkirchen; afin d'éviter les collisions, le prince Frédéric-Charles avait demandé au général Steinmetz d'appuyer à droite de manière à dégager la route de Saint-Wendel à Neunkirchen par Ottweiler; mais le général en chef de la Ire armée n'avait mis aucune bonne volonté pour accéder à cette demande et pour l'y décider il avait fallu l'intervention du grand quartier général. Ayant l'ordre formel d'évacuer le 6 la route de Saint-Wendel à Ottweiler, le général Steinmetz, qui ne voulait pas rester en seconde ligne en se laissant dépasser par la IIe armée, ne se contenta pas d'appuyer à droite; il voulut rapprocher ses troupes de la Sarre. Dans ce but, il prescrivait pour le 6 au VIIe corps de marcher de Lebach à Guichenbach, en poussant ses avant-gardes dans la direction de Sarrebruck et de Volklingen; au VIIIe corps de pousser sa tête de colonne jusqu'à Fischbach en occupant en arrière Quierscheidt et Mergweiler.

A la suite de ces mouvements, la Ire armée ne devait plus avoir qu'un pas à faire pour franchir la frontière; mais, avant de le tenter, elle avait l'ordre d'attendre l'entrée en ligne de la IIe armée, à qui il fallait encore plusieurs jours pour être en mesure de prendre l'offensive. Comme nous l'avons vu, cette armée ne devait avoir terminé son déploiement au delà des défilés du Hardt que le 7 août, et il était dans les vues de M. de Moltke de lui laisser la journée du 8 comme repos. Le 9 seulement les deux armées devaient prendre simultanément l'offensive.

Il est certain qu'avec ces dispositions, la IIe armee n'avait rien à redouter, car en cas d'offensive des Français, prévenue par la cavalerie, elle avait le moyen de se concentrer en un jour, et ses corps avec cette cavalerie présentaient déjà un effectif de près de 200,000 hommes, c'est-à-dire autant de monde que toute l'armée française, sauf les 4er et 7e corps; et, de plus, elle pouvait compter sur le concours de la Ire armée, à laquelle elle était reliée par la cavalerie qui avait des escadrons au delà de Volklingen sur la gauche de la Sarre. Si, au contraire, l'armée française voulait attaquer la Ire armée, celle-ci n'avait qu'à reculer en combattant dans la direction de Tholey, et le jour suivant toute la IIe armée pouvait tomber sur notre flanc droit; les deux armées étaient maintenant trop rapprochées l'une de l'autre pour que l'on pût espérer battre la Ire isolément.

Il n'en était pas de même de la IIIe armée, qui, en passant la Lauter, allait se trouver isolée à plus de deux marches des corps les plus avancés de la IIe.

Mais le prince royal pensait qu'il n'aurait affaire qu'à des forces très inférieures; aussi, à la suite du combat de Wissembourg, il était décidé à poursuivre son succès. Ces dispositions étaient d'accord avec les vues déjà exprimées du grand quartier général, et quand M. de Moltke apprit le résultat du combat de Wissembourg, il n'y changea rien.

Ainsi le chef d'état-major de l'armée allemande ne trouvait rien de mieux à faire, pendant que la IIIe armée allait pénétrer en Alsace, que de maintenir le gros des deux autres armées à plus d'une étape de la frontière française, sans songer d'aucune manière à les faire concourir à l'action de la IIIe. Il se contenta de recommander de pousser de la cavalerie dans la direction de Rohrbach, entre Bitche et Sarreguemines.

Nous le répétons, malgré les résultats obtenus, nous ne pouvons admirer de pareilles dispositions; elles étaient essentiellement défectueuses et M. de Moltke aurait mérité d'être battu. Mais, grâce à l'incapacité de ses adversaires, au lieu d'un échec, il ne devait récolter que des triomphes.

Conformément aux ordres donnés le 4 août, la 4e division de cavalerie franchit la Lauter le 5, pour rechercher l'ennemi dans la direction de Haguenau, et en détachant de Soultz un régiment vers l'Ouest, dans la direction de Wœrth. Elle reconnut bientôt le gros des forces françaises; elle en rendit compte et bivouaqua au sud de Hanspach A la droite de la IIIe armée, le IIe corps bavarois avait pris la direction de Lembach et était venu s'établir près de cette localité. Au centre, le Ve corps marcha en deux colonnes sur Preuschdorf: le XIe sur Soultz.

A gauche, le corps Werder partit de Lauterbourg en deux colonnes, celle de droite comprenant les Wurtembergeois, celle de gauche formée des Badois, pour s'établir l'une et l'autre près d'Aschbach. En arrière, le Ier corps bavarois, marchant sur les traces du Ve corps, atteignit Ingolsheim : le quartier général de la IIIe armée s'installa à Soultz. Sachant le gros des forces françaises sur la Sauer, mais craignant qu'il y en eût encore quelques fractions à Haguenau, le prince royal se proposa de faire le 6 seulement une marche d'approche en concentrant son armée : il donna l'ordre suivant :

« L'armée exécutera demain un changement de front en restant concentrée autour de Soultz.

« 1° Le IIe corps bavarois et le Ve corps prussien conserveront leurs positions actuelles à Lembach et à Preuschdorf ;

« 2° Le XIe corps prussien, conversant à droite, viendra bivouaquer à Hœlschloch, lançant des avant-postes vers la Sauer, il occupera Surbourg et gardera la route de Haguenau ;

« 3° Le Ier corps bavarois se portera jusqu'aux environs de Lobsann et de Lampertsloch poussant ses avant-postes à travers le Hochwald vers la Sauer ;

« 4° La 4e division de cavalerie, tout en demeurant dans ses bivouacs, fera face à l'Ouest ;

« 5° Le corps Werder gagnera Reimersweiler et fera front vers le Sud ; grand'gardes vers la forêt de Haguenau : de forts avant-postes garderont la route à Kuhlendorf et la voie ferrée à Hoffen ; le quartier général restera à Soultz. »

Le prince royal avait l'intention d'attaquer l'armée française seulement le 7 ; toutefois, prévoyant qu'un engagement pourrait avoir lieu sur la Sauer le 6, il recommanda au IIe corps bavarois de porter son attention à la fois sur la route de Bitche et sur les environs de Langensoulzbach : « Si dans la matinée du lendemain, disait-il, le canon se faisait entendre à Wœrth, ce corps devrait faire en sorte de jeter une division contre la gauche de l'adversaire, le reste demeurant face à Bitche. »

On lui faisait savoir en outre que sa droite serait protégée par une division du VIe corps, qui commençait à débarquer à Landau, et qui le lendemain s'avancerait dans la direction de Bitche et de Pirmasens.

Ainsi en Alsace, pas plus que sur la Sarre, les chefs de l'armée allemande n'avaient l'intention d'engager le 6 août une action sérieuse ; mais l'esprit d'initiative des subordonnés devait précipiter les événements et produire des résultats décisifs plus tôt qu'on ne l'avait pensé ni désiré.

II

Les batailles du 6 août.

Pendant toute la nuit du 5 au 6 des escarmouches eurent lieu entre les avant-postes français et allemands séparés par la rivière de la Sauer.

Dans la matinée le commandant de l'avant-garde du Ve corps prussien crut remarquer dans le camp des Français des préparatifs de départ. Pour s'en assurer il ordonna une reconnaissance offensive sur Wœrth.

Vers 7 heures, une batterie vint s'établir près de Dillenbach et ouvrit le feu sur le village, tandis qu'un bataillon y marchait.

Wœrth était inoccupé. Les Prussiens purent y entrer sans résistance ; mais bientôt deux batteries françaises vinrent répondre à la batterie du Ve corps, et en même temps des fantassins ouvrirent une fusillade avec le bataillon allemand.

Convaincu de la présence des forces françaises, le général prussien fit cesser le combat à 8 h. 30 et renvoya l'artillerie et le bataillon au bivouac.

Dans le même temps, un autre engagement avait lieu à Gunstett, par l'initiative du général Lartigue qui commandait la 4e division du 1er corps français. Voulant chasser l'ennemi qui occupait le Bruck-Mühl, il y envoie à 8 heures son bataillon de chasseurs et deux compagnies de zouaves en les faisant appuyer par ses batteries divisionnaires.

Mais l'attaque est rapidement enrayée par le feu d'un bataillon du Ve corps en position sur la rive gauche. Bientôt ce bataillon fut soutenu par un autre du XIe corps qui avec une batterie avait été attiré sur la Sauer par le bruit du canon de Wœrth.

Un combat d'artillerie et de mousqueterie s'engagea alors

d'une rive à l'autre de la Sauer sans produire d'abord aucun résultat.

Il aurait sans doute pris fin rapidement si, du côté opposé, une action plus importante ne s'était pas engagée au même moment.

A la droite de la IIIe armée se trouvait en effet le IIe corps bavarois qui, comme nous l'avons vu, depuis la veille occupait Lembach. D'après les instructions du prince royal le corps d'armée devait par sa droite surveiller la direction de Bitche, et par sa gauche être en mesure d'attaquer l'armée française par Langensoultzbach dans le cas où le canon se ferait entendre du côté de Wœrth.

Pour s'y conformer, le commandant du corps d'armée avait dès la pointe du jour dirigé une de ses divisions (la 4e) sur Mattstall.

L'avant-garde approchait de Langensoultzbach lorsque vers 8 heures, on entendit la canonnade de Wœrth; dès lors, le général poussa en avant toute sa division, qui vint se heurter à la gauche de l'armée française.

La lutte s'engagea juste au moment où elle cessait à Wœrth. Mais bientôt le bruit de la canonnade et de la fusillade, qui en résulta, attira l'attention du commandant de l'avant-garde du Ve corps qui venait d'être rejoint par le chef d'état-major de ce corps d'armée.

L'un et l'autre furent d'avis de reprendre le combat, afin d'empêcher les Bavarois d'être accablés.

Le commandant du corps d'armée prévenu partageant cette manière de voir, tout le Ve corps est dirigé sur Wœrth; à 9 h. 30, toute l'artillerie vient prendre position sur la rive gauche de la Sauer, pour préparer l'attaque que l'infanterie développera au delà de la rivière. Mais tandis qu'au Ve corps la lutte allait reprendre pour dégager les Bavarois, au XIe où l'on n'avait cessé de tirailler, elle allait se développer peu à peu pour appuyer le Ve. C'est ainsi que, contrairement aux vues du général en chef, la bataille allait s'engager sur toute la ligne.

Du côté des Français, le 6 au matin, le maréchal de Mac-Mahon était encore indécis sur ce qu'il convenait de faire. Quoique sachant qu'il n'avait à recevoir d'autres renforts qu'une division du 5e corps tout au plus, il ne paraissait nullement décidé à éviter le choc de l'ennemi, croyant d'ailleurs qu'il n'aurait lieu que le lendemain. Le général Ducrot avait de tout autres idées ; il redoutait une attaque imminente et voulait s'y dérober. Il alla chez le maréchal avec le général Raoult[1], pour le décider à battre en retraite sur les Vosges, dans la direction de Lemberg.

Sans doute, il indiquait une mauvaise direction, mais la nécessité de décamper était incontestable.

Après une longue discussion, le maréchal se décida enfin à donner des ordres pour la retraite. Mais avant que ces ordres n'eussent été transmis aux troupes, la canonnade éclata, et il n'en fallut pas davantage pour amener le maréchal à changer sa résolution.

Il s'arrêta au parti à jamais funeste d'accepter la bataille et il allait se laisser entraîner à la lutte jusqu'à l'épuisement de ses troupes.

Sur la Sarre les reconnaissances faites dans la journée du 5 par la cavalerie allemande, avaient fait penser que l'armée française s'était mise en retraite vers le Sud. Dans la matinée du 6, le général de Rheinbaben, qui avait le commandement supérieur des 5e et 6e divisions de cavalerie, se porta sur Sarrebruck, avec quelques escadrons, traversa la ville et vint s'établir sur le terrain de manœuvre, il y fut accueilli par un feu violent d'artillerie qui venait des hauteurs de Spicheren.

Il rendit compte vers 11 heures au commandant en chef de la IIe armée en lui disant : « Les Français tiennent les hauteurs de Spicheren avec de l'artillerie et de l'infanterie, ils commencent la retraite ». D'autre part, le général Steinmetz commandant la Ire armée, quoiqu'il eut l'ordre de ne se porter sur la Sarre que le 7, pour se préparer à franchir la rivière le 9, en aval de Sarrebruck, avait résolu de l'atteindre le 6, au moins avant ses avant-postes.

Conformément aux ordres qu'il avait donnés dans la soirée du 5, la 3e division de cavalerie se mit en marche dans la matinée pour atteindre Lebach et les localités environnantes.

---

[1] Qui commandait la 3e division du 1er corps.

Le VIIe corps s'avança en deux colonnes; la 13e division venant de Lebach se dirigea sur Puttlingen, ses avant-postes devaient border la Sarre de Völklingen à Rockenhausen; la 14e division prenant plus à gauche, suivit la route de Sarrebruck par Guichenbach, ses avant-postes devaient s'installer à la lisière sud du Kollerthaler-Wald.

En arrivant à Guichenbach vers 8 heures, le général de Kamecke qui commandait la division et qui marchait avec l'avant-garde, apprit que les Français avaient abandonné les hauteurs au sud de Sarrebruck. Il en rendit compte au général de Zastrow, commandant le VIIe corps, et lui demanda si dans ces circonstances il pouvait franchir la Sarre.

La réponse autorisait le général de Kamecke à agir d'après ses propres inspirations.

L'avant-garde fut remise en mouvement avec l'ordre d'établir ses avant-postes sur les hauteurs de la rive gauche de la Sarre [1]. En approchant de la ville elle fût aperçue par le général de Gœben, commandant le VIIIe corps, qui venait de faire une reconnaissance sur le terrain de manœuvre où il avait rencontré le général de Rheinbaben.

Il se proposait d'y amener l'avant-garde de son corps d'armée. Il renonça à ce projet en constatant l'arrivée de la 14e division; mais il prit ses dispositions pour faire avancer la 16e division, de manière à être en mesure d'appuyer la 14e, si c'était nécessaire [2].

Certaine d'être soutenue, l'avant-garde de cette division franchit la Sarre vers 11 heures. En arrivant sur le terrain de manœuvre, le général de Kamecke reçut des renseignements qui lui firent croire que les hauteurs de Spicheren étaient faiblement occupées, et seulement dans le but de protéger l'évacuation de Forbach, d'où l'on avait entendu le sifflement de trains s'éloignant dans la direction de Metz. Il résolut d'attaquer ce qu'il prenait pour une arrière-garde; renforçant son avant-garde du régiment de tête du gros, il prescrivit au général de François, commandant la 27e brigade, de prendre ses dispositions pour se

---

[1] E. M. F., VIII, 23.
[2] G. E. M., 300.

porter en avant, et il appela sur le terrain de manœuvre le reste de sa division.

Les Prussiens allaient donc disposer rapidement de la 14e division et pouvaient compter sur une partie du VIIIe corps, mais ils devaient avoir encore d'autres renforts. A la IIe armée, en effet, on avait appris également à la pointe du jour que les Français avaient abandonné les abords de Sarrebruck, et le prince Frédéric-Charles avait donné l'ordre, vers 8 heures, à la 5e division de s'avancer de Neunkirchen sur Sarrebruck, et au IVe corps de porter une avant-garde sur Neu-Hornbach. Ensuite, il s'était transporté de Kaiserslautern à Hombourg où il avait reçu un autre télégramme du général de Rheinbaben, expédié à 1 h. 5, qui lui apprenait que les troupes françaises se déployaient en avant de Forbach, et que la tête de la 14e division venait d'entrer à Sarrebruck.

D'après les instructions du grand quartier général, cette localité était sur la ligne d'opérations de la IIe armée; le prince Frédéric-Charles donna l'ordre formel à 2 heures au général Stülpnagel qui commandait la 5e division de marcher de suite sur Sarrebruck et de faire évacuer la ville par la 14e.

Mais quand cet ordre parvint au destinataire, celui-ci qui avait d'abord arrêté ses troupes à Dudweiler, à Sulzbach et à Saint-Ingbert les avaient déjà remises en mouvement, attiré sur Sarrebruck par le bruit du canon, et, au lieu d'entrer en compétition avec le général de Kamecke, il allait lui apporter l'appui de sa division.

C'était donc plus de 30,000 hommes, qui, arrivant successivement dans le courant de l'après-midi, allaient prendre part à la bataille que la 14e division devait engager d'abord seule. Or, ce devait être une vraie bataille, car au lieu de se trouver devant une arrière-garde chargée de protéger une retraite, les Allemands allaient se heurter à tout le 2e corps français.

De ce côté, quoiqu'on n'eût pas de renseignements très précis sur la situation de l'ennemi, on s'attendait à les voir apparaître prochainement sur la Sarre.

Une dépêche du major général, envoyée de Metz à 5 heures du matin, avait prescrit au général Frossard de se préparer à recevoir une attaque qui pouvait avoir lieu le jour même. Il avait répondu qu'il se tenait sur ses gardes.

Vers 9 heures, une batterie française placée au Rother-Berg avait accueilli à coups de canon les régiments de cavalerie prussienne qui étaient venus sur le terrain de manœuvre; un peu plus tard, on avait vu la 14e division déboucher du Kollerthaler-Wald. Les intentions de l'ennemi parurent manifestes; on prit rapidement ses dispositions de combat, avec la résolution d'accepter la lutte.

Sur la Sarre, comme sur la Sauer, les chefs des troupes allemandes qui étaient en contact avec les nôtres, allaient donc se laisser entraîner à une lutte sérieuse, sans que ce fut dans les vues du commandant supérieur.

Mais sur les deux théâtres d'opérations les conditions étaient toutes différentes. En Alsace, le maréchal de Mac-Mahon ne disposait que de 45,000 hommes, il en avait trois fois plus devant lui, dont 100,000 au moins étaient en mesure d'intervenir le jour même; de quelque manière qu'il s'y prît, la défaite était certaine; il ne pouvait l'éviter qu'en refusant la bataille. On n'a pas besoin d'entrer dans le détail du combat pour savoir pourquoi il a été battu.

Ce n'est pas que le développement de la lutte soit sans intérêt. On y verrait la preuve de la vaillance des troupes françaises, dont l'héroïsme s'est montré à la hauteur des plus belles journées du premier Empire.

Mais nous recherchons ici les causes de nos désastres; or, elles sont exclusivement dans la manière dont la bataille a été amenée, c'est une question de stratégie et non pas une question de tactique.

Nous nous contenterons donc de résumer succinctement les péripéties de cette bataille de manière à en marquer nettement les phases principales, en recherchant jusqu'à quel moment il était possible de se retirer en bon ordre; car c'est là la condition essentielle qu'il aurait fallu réaliser pour tirer un résultat utile du dévouement des troupes françaises.

Sur la Sarre il devait en être tout autrement; le 2e corps n'eut d'abord en sa présence que des forces très inférieures aux siennes. Le reste ne devait arriver sur le champ de bataille que peu à peu, et en traversant une rivière dont le nombre de passages praticables était très limité. En outre, même à la fin de la journée les Allemands ne se trouvèrent pas très supérieurs aux troupes françaises, et, comme celles-ci étaient également remplies de valeur, on ne peut pas dire que la défaite était inévitable.

Il y a donc lieu pour en connaître la cause de pénétrer un peu plus dans le détail de l'action.

C'est ce que nous ferons, sans toutefois nous laisser entraîner dans tous les épisodes de la lutte, car nous ne pourrions que répéter ce que d'autres ont déjà dit.

Wœrth. — Au moment où l'action s'engage, le 6 au matin, sur la Sauer, les troupes françaises étaient disposées de la manière suivante, à partir de la gauche :

La 1re division (Ducrot), de Nechwiller à Frœschwiller, ayant en première ligne huit bataillons (45e[1], 1er zouaves et 96e), et en deuxième ligne, quatre bataillons (13e chasseurs et le 18e).

La 3e division (Raoult), est établie à cheval sur la route de Wœrth à Frœschwiller, ayant aussi huit bataillons en première ligne du bois de Frœschwiller au chemin de Wœrth à Elsasshausen (2e tirailleurs, deux bataillons du 48e et 2e zouaves) et cinq bataillons en deuxième ligne (un bataillon du 48e, le 36e et le 8e bataillon de chasseurs).

La 4e division (Lartigue) a en première ligne le 3e zouaves, le 3e tirailleurs et le 1er bataillon de chasseurs qui occupent le Niederwald, se prolongeant à droite en avant d'Eberbach, mais sans aller jusqu'à Morsbronn ; le 56e est en seconde ligne[2].

Quant à la 2e division, si fortement éprouvée à Wissembourg, elle était en réserve au sud-ouest de Frœschwiller.

Enfin, entre les 3e et 4e divisions s'était intercalée la 1re brigade de la 1re division du 7e corps.

Elle n'avait qu'un bataillon du 21e en première ligne en avant et à droite d'Elsasshausen, le 3e de ligne et le 17e chasseurs en deuxième ligne[3] ;

La 2e brigade (47e et 99e), d'abord réunie près de Frœsch-

---

[1] Le 45e avait un bataillon détaché à Jægerthal, au débouché du chemin de Dambach.

[2] Le 87e avait été laissé à Strasbourg.

[3] Le 2e bataillon du 21e était resté à Haguenau, le 3e avec l'artillerie divisionnaire qui ne devait pas participer à la bataille.

willer, eut l'ordre, vers 9 heures, de venir se placer derrière la première.

La division de cavalerie du 1er corps n'était pas rassemblée. La 1re brigade (3e hussards et 11e chasseurs) était au sud-ouest de Frœschwiller près de la 2e division, la 3e brigade (cuirassiers) au nord-est d'Eberbach, derrière la droite de la 4e division.

A la 2e brigade, deux escadrons du 6e lanciers étaient attachés à cette division, les deux autres marchaient avec l'artillerie de la division du 7e corps ; le 2e lanciers était avec la division de cuirassiers de Bonnemains, près de la brigade de cavalerie légère. Chaque division avait son artillerie, sauf la 1re division du 7e corps; il y avait de plus l'artillerie de réserve du 1er corps, comprenant huit batteries rassemblées près de Frœschwiller.

En somme, les 1re, 3e et 4e divisions du 1er corps avec une brigade du 7e, étaient établies sur deux lignes de Neehwiller jusqu'en avant d'Eberbach; la 2e division du 1er corps et la 2e brigade du 7e formaient une réserve avec le gros de la cavalerie et l'artillerie de réserve. Ce dispositif préparatoire, loin d'être rigide, était très souple, et la réserve pouvait être portée rapidement partout où on la jugeait nécessaire.

Quand l'avant-garde du Ve corps prussien commença l'attaque, chacun prit son poste de combat. Cette avant-garde s'étant retirée, on se contenta d'entretenir un feu d'artillerie et de mousqueterie du côté de Günstett. Mais, vers 8 h. 30, la 4e division bavaroise, débouchant de Langensoultzbach, marche sur Frœschwiller. Elle trouve devant elle la division Ducrot et la gauche de la division Raoult. Son attaque est vite rompue ; à 10 h. 30, elle est rejetée au delà du ruisseau de Soultzbach, les zouaves du général Ducrot traversent la forêt de Langensoultzbach et en tiennent la lisière orientale. Le commandant du IIe corps bavarois ne songe qu'à rallier ses troupes.

Mais, au Ve corps, où l'on venait de s'engager de nouveau pour appuyer les Bavarois, on n'entendait pas être abandonné par eux; le général de Kirchbach (commandant du Ve corps) fit donc demander au général Hartmann (commandant du IIe bavarois) d'agir sur le flanc de l'ennemi, pendant que le Ve corps le maintiendrait de front; comptant sur son appui, il n'hésita pas à engager toutes les forces qu'il avait sous la main. Depuis 9 h. 30, toute l'artillerie du Ve corps est en position sur la rive gauche de la Sauer, écrasant de son feu les batteries de la division Raoult, qui essayent vainement de la contrebattre, malgré l'appui des quatre batteries à cheval de la réserve. Sous sa protection, le Ve corps d'armée se rassemble. Vers 11 heures, la brigade d'avant-garde passe la Sauer à Wœrth et à Spachbach, elle trouve devant elle la moitié du 2e régiment de tirailleurs, le bataillon du 21e et le 17e bataillon de chasseurs.

Malgré l'appui de plusieurs bataillons de la 2e brigade, l'attaque prussienne échoue complètement : mais les Français ne peuvent reprendre Wœrth, ni dépasser à droite le chemin de Haguenau[1].

Dans le même temps, l'avant-garde du XIe corps s'était engagé à la gauche du Ve. Elle avait débouché de la Sauer par Spachbach et par Günstett, mais malgré l'appui d'une artillerie supérieure, elle n'eut pas plus de succès que celle du Ve corps.

Vivement ramenés par le 3e zouaves et par le 3e tirailleurs, les bataillons prussiens sont obligés de se tenir sur la défensive. Enfin, une seconde attaque des Bavarois n'eut pas plus de succès que la première.

En somme, à midi, toutes les attaques des Allemands avaient échoué, aussi bien celles des Ve et XIe corps prussiens au centre et à gauche, que celle de la 2e division bavaroise à droite ; mais les retours offensifs des Français avaient été arrêtés à la Sauer sur les deux premiers points, et, sur le troisième, ils n'avaient même pas tenté de passer le ruisseau de Soultzbach.

Rien n'empêchait les Allemands de rompre le combat ; ils pouvaient le faire sans le moindre danger, alors même que les Français auraient été en mesure de prendre l'offensive, car, à supposer que les avant-gardes allemandes aient été obligées de reculer, elles auraient trouvé rapidement l'appui du gros des Ve et XIe corps et celui du Ier corps bavarois. Cependant, quoique le prince royal, qui commandait la IIIe armée, ait prescrit dès 10 heures, avant l'insuccès des premières attaques, d'éviter tout ce qui pourrait amener la reprise du combat, le général de Kirchbach prit sur lui de continuer la lutte.

---

[1] E. M. F., VII, 58.

Si la difficulté de rompre le combat, qu'il a fait valoir, n'était pas une raison sérieuse, il y en avait d'autres qui méritaient d'être prises en considération. D'abord, il ne voulait pas laisser ses troupes sous l'impression d'un échec, qui pouvait avoir une fâcheuse influence sur leur moral ; en outre, le mouvement des trains que l'on entendait sur la voie ferrée d'Haguenau à Niederbronn, faisait craindre l'arrivée d'importants renforts, et, par suite, il y avait avantage à précipiter l'action.

Déterminé par ces motifs à reprendre le combat, il fit tout ce qu'il put pour y entraîner à sa droite les Bavarois, à sa gauche le XIe corps. Le général Hartmann fit savoir qu'il reprendrait l'offensive dès qu'il le pourrait, et le général de Bose (commandant du XIe corps), après avoir montré d'abord quelque hésitation à s'engager à fond, contrairement aux ordres du général en chef, avait fait dire qu'il n'abandonnerait pas le Ve corps.

Ce n'est qu'à partir de ce moment que commença la vraie bataille, avec l'idée bien arrêtée de la part des Allemands de la poursuivre jusqu'au dénouement.

Du côté des Français, il était encore temps de s'y dérober, et ils pouvaient profiter des succès qu'ils avaient obtenus pour se retirer dans le meilleur ordre. Mais le maréchal de Mac-Mahon en jugea autrement ; il se tint prêt à recevoir une nouvelle attaque, avec l'espoir de la repousser.

Les Allemands allaient développer méthodiquement leur offensive : le général de Kirchbach, quoique décidé à la bataille, ne voulait l'engager qu'avec prudence et, tout en prenant l'offensive au delà de la Sauer, il ne voulait la pousser à fond que quand le XIe corps aurait fait des progrès sensibles sur la droite de l'armée française qui s'étendait tout au plus jusqu'à Morsbronn.

Le général de Bose prit ses dispositions pour obtenir ce résultat : tandis que la 21e division attaquera de front la 4e division française, la 22e division est chargée d'attaquer la droite, en essayant de la déborder.

Avant midi, toute l'artillerie du XIe corps est en position près de Günstett, pour préparer l'attaque ; vers midi et quart, la 21e division débouche de Spachbach et marche sur le Nieder-Wald, mais est impuissante devant la résistance du 3e zouaves :

la 43e brigade qui vient de Günstett n'a pas d'abord plus de succès contre le 3e tirailleurs; mais, pendant ce temps, la 44e exécute un mouvement débordant sans trouver de résistance : passant par Dürrenbach, cette brigade marche sur Morsbronn. Le maréchal prévenu n'envoie aucun renfort à la 4e division, il annonce seulement l'arrivée prochaine du 5e corps et dit de tenir ferme. Morsbronn est inoccupé, les Prussiens y entrent sans coup férir, ils en débouchent et refoulent le 56e qui s'était formé à la droite du 3e tirailleurs. La 4e division est sur le point d'être complètement débordée et d'avoir sa retraite compromise. C'est alors que le général Lartigue fait appel au dévouement des cuirassiers du général Michel. Il était environ 1 heure; les deux régiments (le 8e et le 9e) se lancent successivement à la charge contre les bataillons ennemis; criblés de balles de toutes parts, ceux qui restent debout pénètrent dans Morsbronn, mais n'en sortent qu'après avoir perdu les deux tiers de leur effectif.

Cette charge ne pouvait sauver la division Lartigue; elle lui donna cependant quelque répit qui permit à ses bataillons décimés de reprendre un peu d'ordre.

Ce qu'il en reste essaye un retour offensif, bientôt arrêté par le flot grossissant des assaillants. Le général Lartigue prescrit la retraite; les débris de sa division se portent au delà d'Eberbach, sous la protection de l'artillerie divisionnaire qui a pris position de l'autre côté du ruisseau, pendant que quelques groupes luttent encore pied à pied dans le Nieder-Wald. On peut dire qu'à partir de ce moment la bataille était perdue, car les diverses fractions de l'armée française allaient être successivement débordées par la droite.

Pendant le temps même que s'exécutait la charge des cuirassiers, le prince royal était arrivé sur le champ de bataille et avait pris le commandement effectif des troupes. Il trouvait le Ve corps prêt à se porter en avant, tandis que le XIe corps faisait des progrès sensibles sur la droite française. Il décida de continuer la bataille, mais prescrivit au Ve corps de ne pousser son attaque à fond que quand le Ier corps bavarois approcherait assez du champ de bataille pour qu'on fût sûr de son entrée en ligne prochaine.

Ce corps eut l'ordre de passer la Sauer et de s'avancer entre le Ve corps et le IIe bavarois, ce dernier dut reprendre vigoureusement l'offensive ; à gauche, le XIe corps dut attaquer dans la direction de Frœschwiller par Elsasshausen ; enfin, le général Werder devait pousser la division wurtembergeoise derrière le XIe corps, tandis que la division badoise couvrirait le flanc gauche ; toute la IIIe armée allait donc jouer son rôle dans la bataille.

Quant au maréchal de Mac-Mahon, il ne pensait à rien moins qu'à rompre le combat. Malgré la retraite désordonnée de la 4e division, il voulut continuer à lutter sur la Sauer, et au lieu d'employer sa réserve à arrêter le mouvement débordant des Prussiens, il ne voulut s'en servir que pour se maintenir en avant de Frœschwiller.

La lutte allait donc continuer avec acharnement en avant d'Elsasshausen et à droite et à gauche de la route de Frœschwiller à Wœrth.

D'abord une attaque de la 9e division prussienne est repoussée par le 2e zouaves aidé du bataillon du 21e et du 17e bataillon de chasseurs (7e corps). Il était environ 2 heures, mais en apprenant que les Bavarois vont entrer en ligne, le général de Kirchbach fait renouveler l'attaque en y faisant concourir toute sa réserve.

Le Ve corps en entier est en ligne, la droite est dirigée sur Frœschwiller, la gauche sur Elsasshausen.

Malgré leur supériorité, les Prussiens ne progressent qu'avec une extrême lenteur. Il leur faut une heure pour enlever le Calvaire. A leur droite, la 1re division bavaroise avait passé la Sauer en avant de Gœrsdorff, ramenant au combat les fractions du IIe corps qui s'étaient ralliées à Langensoultzbach.

Depuis 1 h. 30, son artillerie tirait sur la lisière du bois de Frœschwiller ; à 2 heures, elle essaye de l'enlever. Elle a devant elle la gauche de la 3e division et la droite de la 1re, dont la ferme attitude les empêche pendant plus d'une heure de faire des progrès.

En même temps, la division du 7e corps qui a encore trois régiments intacts, exécute de nombreuses contre-attaques contre les troupes du Ve corps.

C'est d'abord le 3e de ligne contre la 18e brigade, puis la brigade Maire (47e et 99e) contre les 17e et 19e brigades prussiennes. D'abord couronnées de succès, ces contre-attaques viennent en somme échouer devant le nombre et sous le feu écrasant de l'artillerie allemande. Cependant le Vᵉ corps est contenu jusqu'au moment où le XIᵉ corps est prêt à déboucher du Nieder-Wald.

Malgré la retraite du gros de la division Lartigue, il n'y était pas entré sans résistance Des groupes du 3ᵉ zouaves, du 3ᵉ tirailleurs et du 56ᵉ avaient défendu le terrain pied à pied, et il était plus de 2 heures quand les Prussiens furent maîtres du bois tout entier; alors les Vᵉ et XIᵉ corps purent se rejoindre et combiner leur attaque d'une manière plus intime.

Le maréchal fait appel à la 1ʳᵉ brigade de la 1ʳᵉ division qui avait encore quatre bataillons disponibles. Ils sont portés en avant, partie sur Elsasshausen, partie sur le petit bois qui se trouve au nord du Nieder-Wald, et où combattent encore quelques débris de la division du 7ᵉ corps.

La première ligne prussienne qui borde la limite nord du Nieder-Wald est refoulée, mais bientôt les fantassins de la 44ᵉ brigade prennent le dessus en débordant la droite des Français; à 3 heures, le XIᵉ corps se dispose à marcher sur Elsasshausen, l'artillerie est appelée pour soutenir l'attaque.

Contre ces forces décuples, les débris qui occupent le hameau y tiennent jusqu'au moment où ils sont sur le point d'être enveloppés; les batteries de la division de cuirassiers de Bonnemains les appuient en tirant à mitraille. Bientôt les uns et les autres cèdent et se retirent sur Frœschwiller.

Le maréchal a enfin compris qu'il fallait se retirer; pour protéger la retraite du centre et de la gauche sur Reichshoffen, il fait charger la division de cuirassiers Bonnemains.

Ces braves gens se dévouent, comme deux heures plus tôt, la brigade Michel, mais sans plus de succès. Les quatre régiments de cuirassiers se retirent après avoir subi de grandes pertes.

C'est alors le tour de l'artillerie de réserve du 1ᵉʳ corps de se faire détruire en venant se mettre en batterie entre Elsasshausen et la route de Wœrth à Frœschwiller. Tous ces dévouements retardent un peu les progrès des Prussiens, mais ne les arrêtent pas. Il reste encore 3,000 hommes de la division Pellé (2ᵉ), parmi lesquels 1700 hommes du 1ᵉʳ tirailleurs. Sur l'ordre du maréchal, ils se reportent en avant; dans une charge furieuse les tirailleurs reprennent Elsasshausen et arrivent en face du Nieder-Wald.

Mais alors éclate contre eux une fusillade terrible, qui les oblige à se retirer sur le Gross-Wald, après avoir perdu la moitié de leur effectif. Tandis que par ces combats le XIe corps avance sur Frœschwiller par le Sud, le Ve corps en approche par l'Est.

Au Nord seulement, la 2e brigade de la division Ducrot, soutenue par quelques troupes de la 3e division tenait tête aux Bavarois ; à 3 h. 30, en apprenant le désastre de la droite, le général prescrit la retraite sur Frœschwiller.

La gauche de la 3e division qui, jusqu'à ce moment, tenait ferme, est obligée elle aussi de reculer malgré l'énergique résistance du 2e tirailleurs, dont le chef, le colonel Suzzoni, est frappé à mort.

Le régiment est presque détruit, les troupes de ligne qui combattaient à côté de lui font aussi des pertes énormes ; assaillis de tout côté, ceux qui ne restent pas sur le terrain sont presque tous pris. Pendant qu'ils combattaient au nord-est de Frœschwiller, ce village était tombé entre les mains des Allemands, dont la supériorité s'était encore accrue par l'arrivée de la 2e brigade wurtembergeoise. A 4 heures, les Allemands s'avancent de toute part sur Frœschwiller, où ils entrent à 4 h. 30, non sans avoir eu à vaincre la résistance des débris de la 3e division, dont le chef, le général Raoult, fut blessé mortellement, ayant refusé de se retirer devant l'assaillant.

Depuis une heure, le gros de l'armée française, dans un état de complète confusion, se retirait sur Reichshoffen, à travers le Gross-Wald. Le général Ducrot fut chargé de protéger la retraite avec sa 2e brigade qui était encore en bon ordre, et ce qui restait de la 2e division, dont l'artillerie se dévoua jusqu'à la fin ; ces troupes tinrent assez longtemps à la lisière du Gross-Wald pour protéger la retraite des fuyards, et purent se retirer ensuite sur Reichshoffen et Niederbronn. Le maréchal de Mac-Mahon resta avec elles jusqu'au dernier moment. En arrivant à Niederbronn, il y trouva la division Guyot de Lespart, du 5e corps, dont la tête de colonne était arrivée à 4 heures.

Elle y prit position pour couvrir la retraite qui, d'après les ordres du maréchal, devait s'effectuer sur Saverne.

Elle se fit pendant la nuit, mais quelques fractions prirent d'abord la route de Bitche, d'autres celles de Strasbourg.

Pendant la bataille, la 4e division de cavalerie prussienne était restée en arrière; la poursuite des Allemands fut peu active.

Les pertes se montèrent du côté français à 20,000 hommes dont près de la moitié de prisonniers.

Les Allemands avaient acheté leur victoire par une perte de 10,000 hommes, tués ou blessés.

La résistance des troupes françaises avait été vraiment extraordinaire. L'histoire dira certainement, avec le récit de l'État-Major, que de telles troupes étaient dignes de vaincre.

Non seulement elles firent preuve de la plus brillante valeur, mais il ne serait pas juste de dire que leurs procédés de combat étaient notablement inférieurs à ceux de leurs adversaires.

Pour les juger, il ne suffit pas de les rapporter à des règlements faits après coup.

Ce qui est plus juste, c'est d'apprécier les résultats obtenus de part et d'autre.

En somme, le but de la tactique est d'utiliser pour le mieux les propriétés des armes et celles du terrain.

Or, si le fusil français était notablement supérieur à celui des Allemands, pour les bouches à feu c'était le contraire. Dans son ensemble, l'armement des deux armées était comparable, et quoique les Français aient été un contre deux, et que dans la dernière phase de la bataille ils se soient trouvés dans des conditions essentiellement défavorables, le nombre des tués ou blessés a été à peu près le même des deux côtés.

Cette considération suffit à montrer que ces derniers ne se sont pas trop mal servis de leurs armes; ils étaient capables d'obtenir la victoire s'ils n'eussent été accablés par le nombre. Mais leur chef leur avait assigné une tâche impossible, en acceptant la bataille avec 40,000 hommes contre 80,000.

Il ne faut donc pas chercher les causes de la défaite dans les détails de la bataille : elles résident dans le seul fait de l'avoir livrée.

Puisque le maréchal s'était enfin décidé le matin à céder le terrain, l'attaque des Prussiens n'aurait pas dû l'amener à changer d'avis. A 11 heures, la retraite était nécessaire, à 1 heure, elle était impérieusement commandée.

On comprend bien qu'il ne se soit pas retiré de suite, après avoir repoussé la première attaque des Prussiens, mais il devait au moins s'y préparer.

Le maréchal avait tous les moyens de mener une pareille entreprise à bonne fin, et le terrain s'y prêtait admirablement.

Pour cela, il fallait tout d'abord occuper la position de Forstheim à droite et en arrière d'Eberbach et en deçà du ruisseau du même nom. On y aurait porté la 1re division du 7e corps prolongeant sa droite jusqu'au bois de Saug, et avec cette division, le gros de la cavalerie du 1er corps.

On pouvait soutenir ces troupes de la 2e division du 1er corps, de l'artillerie de réserve et de la division de cuirassiers Bonnemains, postés préalablement en arrière d'Eberbach. On portait ainsi toutes les réserves en arrière de la droite de la division du général de Lartigue.

La position ainsi choisie était très avantageuse, et l'on pouvait la renforcer encore par quelques travaux rapides de fortification passagère. Les 1re, 3e et 4e divisions restaient sur la Sauer, mais avec l'ordre, dès que l'ennemi déploierait des forces supérieures et après lui avoir opposé une énergique résistance, de se retirer en combattant, la 4e par Eberbach, de manière à venir appuyer sa droite à Forstheim, la 3e par Elsasshausen, pour venir s'établir d'Eberbach au Gross-Wald, dont elle aurait occupé la lisière vis-à-vis d'Elsasshausen, la 1re par Frœschwiller et Neehwiller dans la direction de Reichshoffen, mais en vue de s'arrêter au Gross-Wald.

En somme, il s'agissait de constituer à droite et en arrière de la position primitive un solide *pivot de manœuvre* sur lequel le gros de l'armée se serait appuyé en se retirant successivement de la droite à la gauche.

Il est certain qu'avec ces dispositions, l'armée française aurait pu tenir jusqu'au soir sans se laisser désorganiser, car l'ennemi déjà désuni par la première résistance qu'il aurait eue à surmonter, n'aurait pas eu le temps de déborder la droite de la nouvelle position et il n'aurait pas réussi à l'enlever par une simple attaque de front.

En outre, en reculant on se rapprochait des secours attendus, et, à 4 heures, l'arrivée de la division de Lespart ralliant la division Ducrot aurait permis un vigoureux retour offensif de la gauche, qui aurait complètement refoulé les Bavarois.

Ensuite, le maréchal, après avoir laissé reposer ses troupes, serait parti la nuit suivante à 2 heures du matin, pour venir s'établir à hauteur d'Ingwiller; bien entendu, pour compléter ces dispositions et en les faisant connaître au commandant du 5e corps, il fallait lui prescrire de venir le lendemain rejoindre le 1er par Lemberg et Ingwiller.

Voilà, croyons-nous, ce que le maréchal de Mac-Mahon aurait dû prescrire à partir de 11 heures du matin, mais il devait le faire au moins deux heures plus tard, et quoique à ce moment sa droite fût déjà bien menacée, il était encore temps de protéger la retraite, non pas en portant des renforts jusqu'à Morsbronn, mais par Eberbach sur Forstheim. De la position qu'occupait la brigade Maire entièrement disponible, il ne fallait pas beaucoup plus d'une heure pour exécuter le mouvement, par conséquent, il aurait été terminé vers 2 heures; le reste de la division du 7e corps aurait suivi, ainsi que la division Pellé et les cuirassiers.

Par suite, la manœuvre enveloppante du XIe corps aurait été complètement arrêtée et la division Lartigue aurait pu se retirer par Eberbach sans être désorganisée.

En voulant prolonger la lutte, le maréchal ne pouvait éviter la destruction de son armée.

Autant on doit admirer l'héroïsme des troupes françaises, autant on doit blâmer l'obstination de leur chef.

Au sujet de l'attitude du maréchal et pour la justifier, l'auteur d'une relation, insérée dans la Revue de l'État-Major il y a une vingtaine d'années, a émis l'avis que dans des circonstances semblables, c'est par une lutte à outrance que Condé et Turenne ont gagné la bataille de Nördlingen, et il cite les observations que Napoléon a présentées à ce sujet : « Des observateurs d'un esprit ordinaire diront qu'il eût dû (Condé) se servir de l'aile qui était encore intacte pour opérer sa retraite et ne pas hasarder son reste ; mais avec de tels principes un général est certain de manquer toutes les occasions de succès et d'être constamment battu.....

« S'il eut tort de livrer la bataille dans la position qu'occupait Mercy, il fit bien de ne jamais désespérer tant qu'il lui restait des braves au drapeau. Par cette conduite il obtint et mérita d'obtenir la victoire. »

L'ouvrage de l'État-Major général a reproduit ces observations, mais il y a lieu de se demander si elles peuvent s'appliquer à la situation de l'armée française à Wœrth ; les circonstances étaient-elles en réalité semblables ?

Il faut remarquer d'abord qu'à Nördlingen les armées en présence étaient à peu près égales en nombre. L'armée française était même quelque peu supérieure ; tandis qu'en 1870, les forces allemandes étaient triples des forces françaises. Ensuite, si l'on se reporte aux Mémoires de Turenne, on voit qu'au moment où il a commencé son mouvement offensif sur la droite ennemie, la droite française n'était pas encore en déroute.

Seulement l'attaque du village d'Allerheim avait complètement échoué.

Ce n'est que quand il fut « à cent pas de l'ennemi que Turenne vit, en se tournant, que toute la cavalerie française et l'infanterie, qui avait été poussée du village, étaient entièrement mise en déroute dans la plaine ».

Au moment où l'on aurait pris le parti d'une retraite générale, la gauche française était donc nettement engagée devant elle.

Or, il n'y eut rien de semblable à Wœrth.

Au moment de la retraite de la division Lartigue, l'attitude du centre et de la gauche française était essentiellement défensive. On n'y avait fait que des retours offensifs partiels qui, partout, avaient été arrêtés ; de plus, les réserves étaient entièrement disponibles. En outre, différence bien autrement essentielle, c'est que Turenne et Condé avaient des chances sérieuses de vaincre, tandis que rien que par suite de la nature du terrain le maréchal de Mac-Mahon n'en avait aucune. En prenant l'offensive sur Wœrth, il pouvait bien espérer y rejeter l'ennemi, mais quant à franchir la Sauer à sa suite, il n'y fallait pas compter.

A Nördlingen, le succès possible et même probable de la gauche pouvait compenser l'échec de la droite, il n'y avait rien de semblable à espérer à Wœrth.

L'application des principes de l'art de la guerre est toujours une question de circonstances ; alors même que l'on veut s'appuyer des Commentaires de Napoléon, il est essentiel de ne pas leur donner plus de généralité qu'ils n'en comportent.

L'ouvrage de l'État-Major rappelle encore, pour excuser le maréchal de Mac-Mahon, l'attitude de Napoléon à Waterloo; mais il est vraiment par trop étrange de citer comme modèle des dispositions qui ont conduit à une pareille catastrophe.

Napoléon à Waterloo a montré justement ce qu'il ne fallait pas faire. Encore doit-on remarquer qu'en raison des circonstances dans lesquelles il se trouvait, une simple retraite avait à peu près les mêmes conséquences pour lui que la déroute et que par conséquent, il était amené naturellement à jouer son va-tout.

Il n'y avait rien de semblable dans la situation du maréchal de Mac-Mahon. Il devait penser que s'il ne recevait pas de renforts le jour même, il les recevrait le lendemain; la sécurité de la France n'était pas compromise parce qu'il aurait reculé de quelques lieues.

Je sais bien encore que l'on pourrait citer plusieurs lettres de Napoléon, recommandant l'attaque partout et toujours; mais je crois justement que cette offensive à outrance dans des conditions impossibles est le côté faible de son système de guerre, et les faits montrent qu'il en a tiré plus de défaites que de succès.

En regard d'Arcole et de Marengo, il est facile de rappeler non seulement Waterloo, mais encore Leipzig.

Napoléon n'aurait jamais dû accepter la bataille du 18 octobre 1813.

Il devait profiter du répit de vingt-quatre heures que ses adversaires lui ont laissé pour se dérober.

S'il l'eût fait, il serait arrivé sur le Rhin avec 200,000 hommes et même 300,000, s'il eût commencé par revenir sur l'Elbe, et les Alliés n'auraient pu envahir la France; jamais général n'a commis de plus grande faute.

Et pendant la campagne de France, il n'est pas possible de regarder comme un modèle l'attitude de Napoléon à La Rothière, à Laon et Arcis-sur-Aube.

La bataille de Laon fut presque aussi funeste que celle de Leipzig; Napoléon y perdit tous les avantages qu'il avait acquis pendant le mois précédent.

Il en eut été tout autrement si, après la bataille de Craonne, il eût laissé Marmont et Mortier devant Blücher et qu'il se fût reporté contre Schwarzenberg, après avoir repris Reims.

C'est en voulant dans ces journées lutter dans des conditions impossibles, qu'il a fait détruire son armée, tandis qu'en jouant plus serré il pouvait prolonger la résistance.

De même à Wœrth, si le maréchal de Mac-Mahon eût pris, vers 11 heures, le parti de la retraite, il aurait conservé son armée intacte, tout en infligeant à l'ennemi des pertes très supérieures aux siennes.

Nous admettons très volontiers que le maréchal pouvait au début accepter le combat, ne sachant pas au juste quelles forces il avait devant lui, et ayant de bonnes raisons de croire que la bataille décisive n'aurait lieu que le lendemain.

Mais, dès le milieu du jour, il devait savoir à quoi s'en tenir sur le développement de l'attaque allemande.

Dans de pareilles circonstances, la question difficile est de déterminer le moment de la retraite. Or, je pense que le jour de la bataille de Wœrth, ce moment s'est trouvé déterminé au moins par l'occupation de Morsbronn par le XIe corps prussien malgré le sacrifice des cuirassiers de la brigade Michel.

A partir de ce moment, il était manifeste que notre droite était débordée.

Il n'y avait plus que deux partis à prendre : ou bien la retraite immédiate, ou bien auparavant une offensive sur le XIe corps avec toutes les troupes dont on disposait.

Au lieu de chercher à arrêter le mouvement débordant des Prussiens, le maréchal a employé ses forces disponibles à prononcer des retours offensifs sur Wœrth, qui ne pouvaient aboutir à aucun succès et qui, même en réussissant, n'auraient pas amélioré notre situation, car, quand même nous aurions repris Wœrth, il était impossible de pousser plus loin nos avantages et cela n'empêchait pas le XIe corps de s'avancer de plus en plus sur notre flanc droit.

Au contraire, en portant toutes nos réserves à droite, on pouvait arrêter les progrès du XIe corps sur Eberbach, en y employant le gros des divisions Conseil-Dumesnil et Pellé, avec la cavalerie Bonnemains et l'artillerie de réserve ; il serait resté au centre et à gauche les divisions Raoult et Ducrot qui auraien été en mesure de défendre le terrain pied à pied en se retirant dans la direction de Reichshoffen.

En prolongeant la lutte, le maréchal ne pouvait aboutir qu'à un désastre, il sacrifiait ses troupes sans nécessité ; rien ne peut donc excuser son obstination, on ne peut plaider en sa faveur aucune circonstance atténuante.

Sans doute, il ne peut pas être responsable de son isolement ; avec de l'activité et quelque intelligence de la situation, le général de Failly aurait pu lui amener deux divisions l'une dans la matinée, l'autre dans l'après-midi, et il est certain qu'avec ces renforts les conditions de la lutte se trouvaient notablement améliorées ; en s'y prenant bien, on pouvait briser partout l'attaque des Allemands.

Avant 10 heures, le maréchal, sûr de l'arrivée prochaine d'une division à Niederbronn, pouvait porter sa réserve à sa droite, la division Conseil-Dumesnil à Morsbronn, avec six batteries de l'artillerie de réserve du 1er corps, la division Pellé en arrière à Forstheim, la cavalerie du 1er corps à l'extrême droite sur Laubach, où l'on aurait dirigé le détachement qui escortait l'artillerie divisionnaire de la division Conseil-Dumesnil ; la seconde ligne de la division Ducrot pouvait être repliée sur Frœschwiller, pour servir de première réserve de centre.

Toute une division du 5e corps pouvait appuyer la gauche du 1er corps à Neehwiller, la seconde serait venue sur Frœschwiller pour servir de réserve générale. Dans ces conditions, il nous paraît hors de doute que toutes les attaques des Allemands auraient été repoussées ; mais nous croyons que c'est tout ce que l'on aurait pu faire.

Prétendre que l'arrivée de deux divisions du 5e corps aurait produit une terrible défaite des Allemands, nous paraît une grosse illusion.

On aurait pu peut-être rejeter les Prussiens au delà de la Sauer, mais sans réussir à les suivre sur la rive gauche. C'eut été en somme une bataille indécise, et nous ne pouvions pas espérer davantage, car, malgré l'arrivée du 5e corps, nous n'aurions eu que 65,000 hommes contre 80,000. Et il y avait encore 60,000 Allemands tout près du théâtre de la lutte.

Le lendemain, les deux armées se seraient retrouvées en présence, et les Allemands dont les effectifs pouvaient être doublés, n'auraient pas battu en retraite.

Le seul fait de les avoir contenus était cependant un résultat assez appréciable ; mais si l'inertie du général de Failly a empêché de l'obtenir, sa faute n'excuse pas celle du maréchal ; c'est l'obstination seule de ce dernier qui a donné aux Allemands l'occasion d'un succès facile, qui n'a pour cause que leur supériorité numérique.

Nous nous refusons à l'attribuer au passage des généraux allemands à l'Académie de guerre de Berlin.

Un pareil jugement résulte de cette opinion que c'est dans les écoles que l'on apprend à commander les armées.

Toute l'histoire militaire proteste contre cette manière de voir[1].

Les maréchaux du premier Empire n'avaient passé par aucune école, et ils faisaient la guerre au moins aussi bien que les généraux allemands de 1870.

Si l'on examine les dispositions de ces derniers, on n'y voit rien de bien remarquable.

Se laisser entraîner peu à peu à une action décisive contrairement aux vues du général en chef, n'est pas précisément un exemple à recommander.

Cette initiative plutôt abusive à réussi, parce que les chefs de l'armée française ont fait le jeu de leurs adversaires, mais il pouvait en être autrement. Avec 20,000 hommes de plus, comme c'était possible, leur attaque aurait échouée ; avec 40,000 hommes, comme c'était encore possible, ils auraient probablement été battus d'une manière complète.

Si, ne recevant pas de renforts, le maréchal de Mac-Mahon

---

[1] Je ne veux pas dire qu'il n'y a rien à apprendre dans les écoles militaires.

Je crois au contraire qu'elles sont fort utiles pour former de bons officiers subalternes et surtout de bons officiers d'état-major, parce que le service d'état-major est la partie positive de l'art de la guerre et qu'il se pratique en temps de guerre comme en temps de paix ; mais je crois que les écoles ne servent absolument à rien pour former des chefs d'armées.

La valeur de ceux-ci tient bien plutôt à ce qui ne s'apprend pas qu'à ce qui s'apprend ; le difficile est de la juger d'avance, car on s'exposerait à de graves erreurs, si l'on se laissait guider dans ce choix par les succès que certains officiers ont obtenus dans les écoles.

s'était dérobé à l'attaque dont il était menacé, il n'aurait éprouvé aucun dommage ; le succès des Allemands a donc pour cause l'inertie du général de Failly et l'obstination du maréchal.

Le passage à l'Académie de guerre n'y est pour rien. Les Allemands ont engagé 82,000 hommes contre 41,000, il est toujours facile de vaincre quand on est deux contre un.

Les généraux français, tels que Ducrot, Raoult et Lartigue en auraient bien fait autant, s'ils avaient été à la place de leurs adversaires. Sans doute, il y avait bien des défectuosités parmi les chefs de l'armée française, mais bon nombre d'entre eux avaient un réel mérite.

A Frœschwiller, le chef suprême seul s'est montré au-dessous de sa tâche, ou tout au moins les quelques fautes que l'on peut reprocher à ses subordonnés n'ont eu qu'une faible influence sur les résultats.

Si le maréchal avait suivi les conseils de ses divisionnaires, il aurait évité son désastre.

Le 6 au matin, il était parfaitement fixé sur ce qu'il pouvait attendre du 5e corps.

Il savait fort bien qu'il recevrait tout au plus l'appui d'une division ; fût-elle arrivée à midi, que ce n'eût pas été suffisant pour conjurer la défaite ; mais le maréchal ne pouvait même pas être sûr de son arrivée, car le matin même il avait écrit une lettre qui indiquait qu'il n'y avait pas nécessité de se presser ; il pouvait donc admettre que quelque incident ait pu retarder la marche de cette division, dont il n'a su l'approche qu'en la voyant arriver à Niederbronn, à 4 heures.

Les erreurs du général de Failly sont indépendantes des siennes ; elles n'auraient pas amené la destruction du 1er corps, si son chef eût refusé la bataille.

On peut donc dire que le maréchal de Mac-Mahon est seul responsable du désastre de son armée qui méritait d'être mieux employée pour le salut de la patrie.

Livrée à elle-même, elle pouvait néanmoins défendre le terrain pied à pied en se retirant sur les Vosges, sans se laisser entamer et en tenant en respect la IIIe armée allemande.

Après son désastre, au contraire, qui devait avoir pour conséquence une retraite désordonnée, l'Alsace et les Vosges allaient rester sans défense devant l'invasion.

Forbach. — La bataille livrée le même jour à Forbach n'eut pas à beaucoup près des conséquences immédiates aussi désastreuses.

Le 2e corps français était établi sur la position de Forbach—Spicheren ; à l'approche de l'ennemi, la 3e division (Laveaucoupet) se forma à droite sur deux lignes, la 2e brigade des deux côtés du Rother-Berg, la 1re en arrière et près de Spicheren.

La 1re division (Vergé), à la gauche, avait une brigade au village et au bois de Stiring, l'autre à gauche de Forbach, surveillant la direction de Sarrelouis, à une distance de 4 kilomètres de la première.

La 2e division (Bataille) formait la réserve générale à Œtingen ; les troupes étaient arrivées sur ces positions la nuit précédente et s'y étaient retranchées.

Le général Frossard était en droit de se croire en mesure de résister sur son front, mais il craignait pour ses flancs ; il savait que les divisions du 3e corps étaient derrière lui, de Sarreguemines à Saint-Avold, et que le maréchal Bazaine, en même temps qu'il commandait le 3e corps, avait reçu depuis la veille le commandement supérieur des corps 2 et 4. A 9 h. 10, le général Frossard lui envoya le télégramme suivant :

« J'entends le canon à mes avant-postes et je vais m'y porter. Ne serait-il pas bien que la division Montaudon envoyât de Sarreguemines une brigade sur Grosbliedersdorf et que la division qui est à Saint-Avold se portât en avant vers Merlebach et Rosbrück ? »

Bazaine n'en fit rien ; après avoir reçu une heure plus tard une nouvelle dépêche qui lui annonçait que de fortes reconnaissances prussiennes descendaient de Sarrebrück, il répondit seulement à 11 h. 30 qu'il allait envoyer une brigade de dragons sur Rosbrück et une brigade de la division Metman à Bening-lès-Saint-Avold.

Cependant, l'avant-garde de la 14e division prussienne passait la Sarre et se disposait à attaquer.

Vers midi, le général de François la portait en avant, dirigeant deux bataillons par Drathzug pour attaquer la gauche de la position de Spicheren ; deux autres pour attaquer la droite par le Stifts—Wald ; les deux derniers bataillons de la brigade étaient d'abord tenus en réserve ; l'attaque devait être soutenue par toute l'artillerie divisionnaire dont trois batteries prirent position au Winter-Berg, la quatrième (celle de l'avant-garde) restait sur le terrain de manœuvre où elle s'était d'abord établie. Les deux attaques font d'abord quelques progrès : les bataillons de la gauche occupent le Gifert-Wald sans trouver beaucoup de résistance, mais en voulant en déboucher, ils sont refoulés avec pertes par le feu de l'artillerie et celui du 40e de ligne qui forme la droite de la division Laveaucoupet.

Les bataillons de droite n'ont pas plus de succès en s'avançant dans la direction de Stiring. Ils sont facilement arrêtés par les troupes de la division Vergé. Seule l'artillerie prussienne affirmait sa supériorité contre les batteries françaises qui essayent d'entrer en lutte avec elle.

Cependant il était visible que ces attaques n'étaient que le prélude d'un combat plus sérieux ; aussi le général Bataille, qui commandait la 2e division en réserve à Œtingen, avait dès le début pris ses dispositions pour aider les deux autres en envoyant une brigade à chacune d'elles.

En même temps, le général Frossard adressait à 1 h. 25 une troisième dépêche au maréchal Bazaine.

« Je suis fortement engagé tant sur la route et dans les bois que sur les hauteurs de Spicheren. *C'est une bataille* ; prière de faire marcher rapidement votre division Montaudon vers Grosbliedersdorf et votre brigade de dragons sur Forbach. »

A 2 h. 10, Bazaine répondait qu'il allait les faire partir, mais il ne donna l'ordre au général Montaudon qu'à 3 heures ; quant aux autres divisions du 3e corps, elles ne reçurent aucun ordre d'appuyer le 2e, sauf que, vers le soir, un régiment de la division Decaen fut dirigé par la voie ferrée de Saint-Avold sur Forbach.

La division Montaudon elle-même ne se mit en marche qu'à 5 heures et ne put arriver sur le champ de bataille qu'à la nuit tombante.

Le général Frossard devait donc soutenir la lutte avec ses seules forces.

Celles de l'ennemi, d'abord très inférieures, allaient augmenter rapidement. A midi, la 28e brigade commençait à passer la Sarre ; sûr d'en être soutenu, le général de François, vers 1 heure, porta ses deux derniers bataillons à l'attaque du Rother-Berg; mais il échoua au centre comme aux deux ailes.

Pendant ce temps, le général de Kamecke (commandant de la 14e division) avait dirigé la 28e brigade moitié sur sa droite, moitié sur son centre. Ce n'était encore en ligne qu'une division, et presque tout le 2e corps allait lui être opposé; cependant, en raison du feu supérieur de son artillerie, le général de Kamecke prescrit au général de François de renouveler l'attaque du Rother-Berg; ce dernier, conduisant lui même l'assaut, parvient à prendre pied sur la hauteur, mais il est frappé mortellement; nous ne pouvons rejeter les Allemands au bas des pentes, cependant on les empêche de faire de nouveaux progrès. A l'ouest du Rother-Berg ils parviennent aussi à s'emparer des fermes de la Brême-d'Or et de la baraque Mouton; mais aux deux ailes, ils sont facilement refoulés. A notre droite, le général Laveaucoupet portant en avant un régiment de sa seconde ligne (63e), parvient à chasser l'ennemi du Gifert-Wald, mais sans chercher à aller plus loin.

A notre gauche, on lutte avec acharnement dans le bois de Stiring; à l'arrivée des régiments appelés de Forbach, on y reprend une énergique offensive avec l'appui de huit batteries dont quatre de l'artillerie de réserve, et l'on réussit à rejeter les Prussiens sur Drathzug. A 4 heures, la 14e division prussienne était repoussée sur ses deux ailes.

Mais à ce moment, les premiers renforts débouchent sur le champ de bataille. D'une part, l'avant-garde de la 16e division et avec elle le général de Gœben, qui prend aussitôt la direction du combat. Le régiment d'infanterie de cette avant-garde est employée à soutenir le centre et la gauche; ses deux batteries sont opposées à l'artillerie de la division Laveaucoupet, tandis que son régiment de cavalerie (9e hussards) va se réunir derrière le centre à celui de la 14e division (15e hussards) déjà en position depuis le matin.

En outre, les régiments de tête des 9e et 10e brigades (48e et 12e) arrivent l'un de Sulzbach, l'autre de Saint-Ingbert. Vers 3 h. 30, le régiment d'avant-garde de la 9e brigade est dirigé sur le Gifert-Wald avec un bataillon de la 16e division (40e); ils en chassent presque complètement les troupes de la division Laveaucoupet; l'entrée en ligne du dernier régiment de cette division (8e) permet de le reprendre rapidement; mais vers 4 h. 30, c'est l'avant-garde de la 10e brigade prussienne qui s'avance à son tour, et les Français sont obligés encore une fois de se replier.

La division Laveaucoupet a été engagée tout entière; ses éléments plus ou moins confondus réussissent cependant à empêcher l'ennemi de déboucher du bois, avec l'appui de l'artillerie qui a pris position au Pfaffenberg. La situation était assez critique quand arrive la brigade Bastoul, envoyée par le général Bataille. Mais l'un des régiments (67e) était presque aussitôt appelé à Stiring, l'autre (66e) est seul disponible pour appuyer la résistance de la division Laveaucoupet

Il lui permit d'arrêter les progrès des Allemands. En somme, à 5 heures, cette division, avec un régiment de la 2e, tenait tête à des forces à peu près égales sur le plateau de Spicheren.

A notre gauche, la division Vergé résistait énergiquement en avant de Stiring, où le général Frossard se porta vers 5 heures. Son arrivée coïncida avec une certaine accalmie résultant de la fatigue des combattants qui, de part et d'autre, attendaient des renforts.

Il fit savoir au maréchal Bazaine qu'il espérait rester maître du terrain, mais que la bataille recommencerait le lendemain. Il demandait néanmoins l'envoi d'un régiment par chemin de fer. Mais à ce moment même, une partie de la 28e brigade prussienne dessinait une nouvelle attaque sur Stiring; l'entrée en ligne de la 1re brigade de la 2e division l'arrêta facilement; de plus, le 67e, appelé également de ce côté par le général Bataille, exécuta, en descendant du bois de Spicheren, une brillante contre-attaque, qui rejeta l'ennemi au delà du bois de Stiring; on profita de ce succès pour ramener cinq pièces qui avaient été abandonnées quelques heures auparavant. Le général Frossard comprit que la lutte n'était pas terminée.

A 5 h. 45, il demanda au maréchal de lui envoyer des troupes par tous les moyens. Celui-ci expédia un régiment (60e) par la voie ferrée et fit savoir que la division Castagny était en marche sur Spicheren, la division Montaudon sur Grosbliedersdorf et que le général Metman était à Bening-lès-Saint-Avold. Mais ces troupes ne devaient pas arriver en temps utile.

Au contraire, un nouvel ennemi se montrait sur la gauche du

2e corps : c'était l'avant-garde de la 13e division prussienne qui, venant de Wölklingen, était arrivée à Grande-Rosselle vers 4 heures. Elle était signalée par le lieutenant-colonel Dulac, qui avait été envoyé en reconnaissance sur la route de Forbach à Sarrelouis avec deux escadrons de dragons.

Mais l'avant-garde prussienne, isolée et appréciant mal ce qui se passait, crut devoir s'arrêter; elle ne devait reprendre son mouvement qu'après 6 heures. Pendant ce temps, le combat continuait sur le plateau de Spicheren et aux abords de Stiring. Les généraux Alvensleben, du IIIe corps, et de Zastrow, du VIIe corps, étaient arrivés successivement sur le champ de bataille. Après s'être concertés avec le général de Gœben, ils avaient arrêté les dispositions à prendre pour mener le combat à bonne fin. Il fut décidé que l'on tenterait un effort décisif sur le Forbacherberg, de manière à couper en deux les forces françaises, et qu'on y emploierait toutes les troupes qui allaient bientôt arriver sur le champ de bataille; c'était le gros des 9e et 10e brigades qui, à 6 heures, commençaient à passer la Sarre.

Comme ces troupes appartenaient toutes au IIIe corps, il fut convenu que le général Alvensleben dirigerait l'attaque. Elle fut préparée par le feu de six batteries qui vinrent s'établir sur le Folster-Höhe. On voulut y faire concourir la cavalerie du général Rheinbaben qui disposait de dix escadrons, mais les quelques tentatives qu'ils firent pour aborder le plateau échouèrent complètement; pendant ce temps, les renforts d'infanterie prenaient leurs dispositions.

Six bataillons de la 5e division, dont trois en première ligne et trois en deuxième ligne, allaient s'avancer sur le Forbacherberg par l'ouest du Rother-Berg.

Ils avaient devant eux des fractions des trois divisions françaises formant de quatre à cinq bataillons, principalement de la division Bataille (deux bataillons du 8e et du 67e), très exposés au feu des batteries allemandes.

Cependant, ces bataillons résistèrent vaillamment à l'attaque de la première ligne prussienne, tandis que la deuxième était en partie détournée du but par le feu des troupes françaises qui occupaient Stiring. Toutefois, l'intervention du reste faisait plier les bataillons français qui, à la tombée de la nuit, se retirent du Spichern-Wald vers le Forbacherberg, où ils tinrent de nouveau tête aux Prussiens. En même temps, la division Laveaucoupet exécute à droite un vigoureux retour offensif qui oblige l'ennemi à reculer dans le Gifert-Wald.

L'ennemi ne put faire de nouveaux progrès et, à droite comme au centre, on ne se retira que quand le commandant du 2e corps en donna l'ordre; il y fut amené surtout par l'arrivée de l'avant-garde de la 13e division sur le Kaninchenberg. Peu après 6 heures, cette avant-garde avait, en effet, repris sa marche sur Forbach; le lieutenant-colonel Dulac s'était retiré devant elle et, faisant mettre pied à terre à ses dragons, il les avait établis dans des tranchées avec l'appui de la compagnie de réserve du génie et de 200 réservistes qui venaient de débarquer à Forbach.

Cette faible troupe suffit à contenir l'ennemi jusqu'à la chute du jour. Elle fut cependant obligée d'abandonner le Kaninchenberg; elle se retira sur Forbach, mais seulement après une brillante charge des dragons.

A 7 heures, le général Frossard, menacé sur ses deux ailes et sur son centre, jugea à propos de prescrire la retraite sur le plateau d'Œtingen.

Le mouvement rétrograde s'exécuta en combattant; à gauche, l'ennemi n'entra à Stiring qu'à 9 heures; au centre et à droite, l'évacuation du Forbacherberg et de Spicheren par les Français ne se fit que de bonne volonté, et, à l'entrée de la nuit, le 2e corps se trouva rassemblé d'Œtingen au Pfaffenberg. Ses pertes furent de 3,828 hommes et 249 officiers, dont près de 2,000 disparus; tandis que celles des Prussiens atteignirent 223 officiers et 4,630 hommes, dont 372 disparus. Le nombre des tués et blessés de l'ennemi fut donc le double de celui des Français. Rien n'obligeait le général Frossard à abandonner la position sur laquelle il avait rallié ses troupes; mais, n'attendant plus aucun secours du 3e corps, il prescrivit de continuer la retraite sur Sarreguemines pendant la nuit.

En y arrivant, il apprit la défaite de Frœschwiller et donna l'ordre de se porter sur Puttelange sous la protection de la brigade Lapasset, qui devait former l'arrière-garde,

Le général Frossard, livré à lui-même pendant cette journée, pouvait-il obtenir de meilleurs résultats? On ne peut faire à ce sujet que des conjectures. Sans doute, dès le début de l'action, il aurait pu refouler l'ennemi, car, à la 27e brigade, il aurait pu opposer de suite la division Laveaucoupet et une brigade de la division Vergé; mais après avoir rejeté l'assaillant sur les hauteurs qui dominent Sarrebruck au Sud, il lui aurait été difficile d'aller plus loin, car il aurait trouvé la 28e brigade en mesure d'appuyer la 27e et il n'avait pas lui-même sous la main le reste de son corps d'armée. Il faut remarquer d'ailleurs que, ayant évacué les abords de Sarrebruck la veille pour se soustraire à une attaque, il n'était pas porté logiquement à prendre l'offensive.

Nous sommes d'avis qu'il avait eu tort de s'éloigner de la Sarre, où il ne courait aucun danger, et surtout de le faire hâtivement la nuit, en imposant à ses troupes des fatigues inutiles; mais une fois cette faute commise, elle entraînait naturellement une attitude défensive. Établi sur la position de Spicheren, il était raisonnable d'y accepter la bataille, car le général Frossard, qui connaissait la situation du 3e corps en arrière du 2e, et qui savait qu'en haut lieu l'éventualité d'une attaque de l'ennemi avait été prévue, était en droit de compter sur l'appui de ce corps d'armée, dont les divisions étaient on ne peut mieux placées autour des siennes, de manière à pouvoir arriver toutes en quelques heures par des chemins différents.

Il pouvait se dire que, dans les conditions mêmes où l'attaque se développerait, il ne pouvait être accablé brusquement par des forces supérieures et qu'il aurait le moyen de contenir l'ennemi et de l'user jusqu'à l'arrivée des secours qu'il était en droit d'attendre, et qu'à l'entrée en ligne de ce secours on passerait à une offensive qui aurait pour résultat une brillante victoire.

Nous trouvons donc que le général Frossard a bien fait d'accepter la bataille. Quant à la conduite du combat, on peut dire qu'il ne l'a pas dirigé; il a laissé agir ses divisionnaires, il ne s'est montré sur le théâtre de l'action qu'à 5 heures, s'étant tenu jusque-là à Forbach; c'était peut-être ce qu'il avait de mieux à faire, n'ayant aucune expérience du maniement des troupes, dont il ne connaissait les manœuvres que par les règlements ou les cours enseignés dans les écoles.

Après huit heures de lutte, pendant lesquelles il avait attendu vainement l'appui du 3e corps, et en présence d'un ennemi dont le nombre croissait sans cesse, on ne peut le blâmer d'avoir prescrit un mouvement rétrograde sur la position d'Œtingen;

mais il nous semble que rien ne l'obligeait à aller plus loin, et qu'il aurait dû éviter d'imposer de nouvelles fatigues à ses troupes, en les faisant battre en retraite la nuit.

Il pouvait les arrêter le soir sur la ligne Œting—Spicheren et y rester au moins jusqu'à 2 heures du matin; dans l'intervalle, il eût demandé au maréchal si oui ou non il pouvait compter sur son concours le lendemain à la première heure; dans le cas de l'affirmative, on pouvait recommencer la bataille; dans le cas contraire, il était temps de se remettre en retraite entre 2 et 3 heures du matin. Mais dans tous les cas la défaite de Frœschwiller ne permettait pas de songer à une offensive sérieuse; eût-on obtenu quelques succès le 7, il eût fallu néanmoins se retirer le jour suivant.

Les dispositions du général Frossard n'ont donc pas produit par elles-mêmes de bien fâcheux résultats.

Quant à sa retraite sur Sarreguemines et Puttelange, il faut se garder de la blâmer, car, quand même la route de Saint-Avold lui serait restée ouverte, comme il ne connaissait pas la défaite de Frœschwiller, il était bien préférable de se rapprocher des Vosges, afin d'être en communication avec les troupes d'Alsace et de pouvoir lier les opérations de manière à s'appuyer les uns sur les autres.

Et nous sommes d'avis que, même après la bataille de Frœschwiller, la retraite sur la haute Sarre était encore ce qu'il y avait de mieux à faire pour le 2e corps. Le général Frossard, en prenant de lui-même cette direction, mettait le général en chef sur la voie qu'il aurait dû suivre.

Nous disons donc, en somme, que l'attitude du général Frossard pendant la journée du 6 août ne mérite pas de graves reproches et que ses dispositions auraient pu amener un brillant succès, s'il avait eu l'appui des divisions du 3e corps, comme il était en droit d'y compter. Il y a lieu maintenant de se demander comment aucune de ces divisions, si bien placées pour arriver en temps utile sur le champ de bataille, n'est venue soutenir le 2e corps.

La 1re division s'était portée la veille à Sarreguemines pour y remplacer la brigade Lapasset, qui avait ordre de se rendre à Bitche.

Craignant une attaque de ce côté, le général Montaudon y retint cette brigade avec l'autorisation du général de Failly. Ses craintes avaient disparu, lorsqu'à 3 h. 30 il reçut l'ordre du maréchal Bazaine de laisser Lapasset à Sarreguemines et de se porter sur Grosbliedersdorf, en se mettant à la disposition du général Frossard.

Il ne se pressa pas de se mettre en route et ne commença son mouvement qu'à 5 heures; à 6 heures il était à Roubling, et à 7 h. 45 près de Lixing, où il reçut de Frossard l'ordre de se rendre à Forbach.

En arrivant à Bousbach, vers 9 heures, il apprit la retraite du 2e corps. Il est certain que les ordres qu'il avait reçus antérieurement ne devaient pas l'amener à se porter de lui-même sur le champ de bataille, mais il pouvait s'y préparer et, s'il s'était mis en marche à 4 heures, il serait arrivé à proximité de Spicheren vers 7 heures.

A la 2e division, qui était à Puttelange, on entendit le canon vers midi, et le général Castagny se mit en marche dans la direction de Cadenbronn : il arriva à Diebling vers 2 heures; n'entendant plus le canon et ne recevant aucun ordre ni du maréchal Bazaine ni du général Frossard, il revint sur Puttelange.

A 5 h. 30, le bruit du canon se faisant entendre de nouveau, le général Castagny se dirigea sur Forbach par Théding, de manière à être en mesure d'entrer en ligne le lendemain.

A 8 heures, il apprit la retraite du 2e corps; il revint la nuit sur Puttelange.

A la 3e division, les deux brigades furent dirigées, l'une dans la matinée sur Macheren, l'autre à 12 h. 30 sur Bening par ordre du maréchal Bazaine, mais sans qu'il fût question d'appuyer le 2e corps. Ce n'était d'ailleurs pas l'intention du maréchal, qui, même à 4 heures, prescrivit au général Metman de s'établir le soir entre Bening et Betting.

Comme ce dernier savait Bazaine en relation télégraphique avec le général Frossard, il ne se trouva pas en situation de prendre la moindre initiative pour marcher au canon. On ne peut lui reprocher de ne pas l'avoir fait. Mais, à 7 h. 30, il fut appelé sur Forbach par le commandant du 2e corps et se mit en marche au commencement de la nuit; la tête de colonne arriva vers 10 heures à Forbach, où il apprit la retraite du 2e corps.

Il se replia par Behren où ses troupes restèrent jusqu'à 4 heures du matin, et d'où elles se portèrent ensuite sur Puttelange.

Enfin, à la 4e division, qui était immédiatement sous la main du maréchal, aucun ordre ne fut donné dans la matinée pour marcher sur Forbach.

Bazaine, qui avait aperçu quelques cavaliers prussiens dans la direction de Sarrelouis, la fit établir à la sortie de Saint-Avold dans cette direction. A 7 heures du soir seulement, un régiment fut envoyé sur Forbach, par le chemin de fer, mais le premier train, en approchant du bourg, fut reçu à coups de fusil; les troupes débarquèrent, rallièrent la division Vergé et se retirèrent avec elle en formant son arrière-garde.

Ces mouvements incohérents des divisions françaises font assurément un contraste frappant avec ceux des diverses fractions de l'armée allemande, qui s'empressèrent de venir concourir à la bataille; mais il faut reconnaître qu'elles étaient dans une situation toute différente.

Du côté des Allemands une rencontre sérieuse avait eu lieu plus tôt qu'on ne le croyait; mais depuis plusieurs jours tous les chefs savaient dans quel esprit les opérations allaient être conduites; au premier coup de canon chacun comprit que c'était le commencement de la grande lutte dans des conditions déterminées.

Aussi, ce coup de canon fut-il un point de ralliement auquel chacun s'empressa d'accourir.

Du côté des Français, personne ne savait ce que voulaient les chefs; personne ne pouvait le savoir, puisqu'ils ne le savaient pas eux-mêmes. De là la cause première et générale de l'inertie des généraux voisins du champ de bataille.

Le général Montaudon avait été envoyé à Sarreguemines pour l'occuper et défendre cette position contre une attaque possible et que l'on disait même probable; on comprend bien qu'il ne se soit pas mis de lui-même en mouvement vers le champ de bataille.

Le général Castagny, seul, avait reçu, la veille, du maréchal Bazaine des renseignements qui pouvait lui faire entrevoir l'utilité de se porter sur Spicheren. Aussi se mit-il de lui-même en marche. Il s'arrêta parce qu'il n'entendit plus le canon et qu'il ne reçut aucun ordre. On peut lui reprocher toutefois de n'être pas entré en relation avec le 2e corps; mais il a prétendu avoir demandé des instructions au général Frossard et n'en avoir pas eu de réponse; ce dernier, de son côté, a affirmé n'avoir rien reçu.

Il y a là un malentendu fâcheux, et à notre avis le général Castagny n'est pas bien blâmable. Quant aux généraux Metman et Decaen, les ordres formels que leur envoya le maréchal ne devaient pas les porter à se diriger sur Forbach.

D'ailleurs aucun de ces généraux ne connaissait l'importance de l'action qui se déroulait de Spicheren à Stiring, et nous trouvons que les instructions qu'ils avaient reçues ne devaient pas forcément déterminer leur initiative.

D'une manière générale on peut dire que l'initiative des subordonnés ne peut s'exercer judicieusement que s'ils sont sous l'influence d'une impulsion nette et précise; ce n'est pas un principe absolu que de marcher au canon; il faut, pour le faire sans hésitation, que ce soit dans l'esprit des opérations entreprises et des ordres reçus.

Il n'y a pas de comparaison à établir entre la situation des généraux du 3e corps et celle de Desaix et de Richepance, à Marengo et à Hohenlinden. Desaix était envoyé pour reconnaître l'ennemi, le canon lui apprenait où il était, il devait y venir, et, d'ailleurs, Bonaparte lui a envoyé un ordre formel; quant à Richepance, il avait des instructions précises; rien de semblable pour les généraux français du 3e corps, le 6 août 1870.

Il nous semble qu'aucun d'eux ne mérite de graves reproches.

Il n'en est pas de même du maréchal Bazaine. Sans connaître avec précision les vues du généralissime, son grade et sa situation lui donnaient tous les droits à l'initiative. Il avait, depuis la veille, le commandement supérieur des 2e, 3e et 4e corps, il lui appartenait de combiner leurs mouvements de manière à amener leur coopération en cas d'une bataille.

On attendait cette bataille, on savait l'ennemi en force de l'autre côté de la Sarre, puisque c'était pour lui échapper que le général Frossard s'était éloigné de Sarrebrück.

Le maréchal, il est vrai, n'avait pas d'instructions précises sur ce qu'il devait faire, mais puisqu'on le prévenait de se tenir prêt sans lui prescrire la retraite, c'est qu'on acceptait l'idée de la bataille, et il était assez grand personnage pour prendre sur lui de la livrer.

Au premier avertissement, le maréchal devait être sur le qui-vive. Or, à 9 h. 20, le général Frossard lui apprend qu'on entend le canon aux avant-postes.

Ce n'était sans doute pas une raison pour mettre de suite ses troupes en mouvement, mais il devait au moins leur prescrire de se préparer à partir au premier signal, et demander de nouveaux renseignements au général Frossard.

Or, ces renseignements il les reçoit par une nouvelle dépêche expédiée à 10 h. 20 et qui annonce que l'ennemi approche, mais que l'attaque n'est pas encore prononcée. C'était largement suffisant pour faire partir ses troupes. Il est vrai que l'on croyait à une attaque sur Sarreguemines, et nous admettons fort bien qu'il n'ait pas encore donné d'ordre formel au général Montaudon.

Mais il devait au moins lui donner des instructions conditionnelles, qui l'auraient amené à porter une brigade sur Grosbliedersdorf.

Du côté opposé à Saint-Avold, Bazaine a dit qu'il craignait une attaque venant de Sarrelouis. Cette raison n'a aucune valeur, d'abord parce qu'on pouvait y aller voir et s'assurer qu'il n'y avait pas d'ennemis en nombre de ce côté, et ensuite parce que dans le cas où elle se serait prononcée il disposait du 4e corps pour y parer.

Il aurait donc dû appeler au moins une division du 4e corps sur la route de Saint-Avold à Sarrelouis en y joignant la division de cavalerie de Forton qui était également sous ses ordres et se trouvait à Faulquemont depuis la veille, et en laissant les deux autres divisions avec le gros de cavalerie du 4e corps entre Boulay et Teterchen, pour couvrir la direction de Metz.

Dans ces conditions, il pouvait de suite diriger sur Forbach la moitié de la division Decaen avec le gros de la cavalerie et l'artillerie de réserve du 3e corps, et prendre ses dispositions pour amener la seconde brigade par la voie ferrée à l'approche des têtes de colonne du 4e corps.

En tout cas, en admettant qu'il eût quelque bonne raison pour maintenir une fraction du 3e corps à Saint-Avold, il n'y avait rien de semblable pour les divisions Metman et Castagny. A 11 heures ces troupes auraient du recevoir l'ordre net et formel de marcher l'une sur Oetingen par Théding, l'autre sur Spicheren par Cadenbronn. S'Il craignait de les fatiguer inutilement, il pouvait leur dire de s'arrêter à Théding et à Cadenbronn et d'y attendre de nouveaux ordres, et il aurait été largement en mesure de les leur envoyer en temps utile, si, comme il en avait le devoir impérieux, il s'était transporté lui-même à Forbach.

Mais ce qu'il n'a pas fait en recevant la deuxième dépêche de Frossard, il devait le faire au moins à l'arrivée de la troisième, qui lui disait formellement : « C'est une bataille. » Il pouvait mettre en marche de suite les trois divisions Castagny, Metman et Decaen, et même Montaudon un peu plus tard.

Partant, à 2 heures, l'ordre aurait trouvé Castagny à Diebling avant 3 heures, et sa division pouvait être à Spicheren avant 6 heures; il aurait trouvé Metman à Bening et sa division pouvait arriver à Forbach à 5 h. 30. Quant à Decaen, il pouvait partir de suite, au moins avec une brigade, les dragons et cinq ou six batteries d'artillerie, qui seraient arrivés à Forbach à 7 heures, sans compter ce que l'on pouvait envoyer par voie ferrée.

Quant au résultat que leur arrivée aurait produit, il n'est pas douteux. Si seulement trois divisions étaient intervenues, c'eût été pour la France une victoire complète. Il ne s'agissait pas de faire des divisions du 3e corps une masse de manœuvre amenant le dénouement par un mouvement d'ensemble; elles étaient pour cela trop dispersées, et l'on n'avait pas le temps de les réunir.

Dès 11 heures, il fallait les pousser chacune sur le champ de bataille par le plus court chemin, Castagny sur Spicheren, Metman sur Œtingen, Decaen sur Forbach; l'arrivée de Castagny vers 4 heures aurait permis d'assurer complètement la droite et le front du général Laveaucoupet; une brigade de Decaen aurait suffi pour observer la direction de Sarrelouis; avec tout le reste, c'est-à-dire avec les divisions Bataille et Vergé du 2e corps, Metman du 3e, on pouvait prendre l'offensive par la gauche et refouler l'ennemi sur Sarrebruck; à l'arrivée de Montaudon à la droite, on aurait également pris l'offensive de ce côté et obligé les Prussiens à une retraite générale difficile. Voilà ce qu'on pouvait faire et ce que l'inertie du maréchal Bazaine a empêché.

Quant aux Allemands, à Forbach encore moins qu'à Wœrth, on ne peut prendre leurs dispositions pour des modèles à imiter. Un général en chef (Steinmetz), qui ne tient aucun compte des instructions du généralissime, sans avoir aucune bonne raison de s'en écarter; un commandant de corps d'armée (de Zastrow) qui, au lieu d'aller voir ce qui se passe, laisse à un de ses subordonnés la liberté de s'engager contre des forces dont on ne connaît pas l'importance et sans savoir s'il pourra être soutenu en cas de besoin.

Tout cela a réussi, mais il en aurait été autrement si l'armée française avait eu d'autres chefs. La victoire des Allemands n'a donc pas pour cause l'excellence de leurs dispositions; elle tient seulement à ce que celles des Français furent encore plus mauvaises que les leurs.

Toutefois, ce que l'on ne saurait trop approuver chez nos adversaires et prendre pour exemple, c'est l'esprit de solidarité qui anime les sous-ordres, à l'exclusion de tout sentiment de jalousie. Mais pour avoir ces sentiments, il n'était pas indispensable d'avoir passé par l'Académie de guerre de Berlin; ils n'étaient pas inconnus dans l'armée française; Bazaine lui-même jadis en avait fait preuve en 1859 le jour du combat de Montebello en allant appuyer son camarade Forey, et, s'il était arrivé en 1870 à obéir à d'autres impulsions, il en était tout autrement de la plupart des généraux qui se trouvaient à l'armée; ceux qu'il avait sous ses ordres ne demandaient qu'à marcher au canon, si les instructions générales qu'ils auraient dû recevoir avaient pu leur en montrer l'utilité. Bazaine seul est donc responsable de la défaite de Forbach comme Mac-Mahon est seul responsable de celle de Frœschwiller.

On a prétendu qu'il avait semblé prendre un certain plaisir à laisser le général Frossard dans l'embarras, imitant en cela la conduite de Bernadotte le jour d'Iéna. Non seulement c'eût été odieux, mais dans l'intérêt du maréchal lui-même c'était un faux calcul; car, s'il eût assuré la victoire en amenant ses divisions au général Frossard, c'est lui surtout qui en aurait eu tout le bénéfice et la gloire.

Tout en croyant la loyauté de Bazaine fort suspecte, nous pensons surtout que, s'il s'est montré inerte, c'est qu'il n'était pas à la hauteur de son rôle.

Ainsi Bazaine a manqué à ses subordonnés comme les subordonnés de Mac-Mahon lui avaient fait défaut; son inertie est peut-être moins inepte que celle du général de Failly, car ce dernier n'avait qu'à obéir à des ordres simples et précis; cependant le maréchal est plus répréhensible, car il y a eu certainement dans les causes de ses déterminations une part de mauvaise volonté.

En somme, avec de meilleurs chefs, la journée du 6 août aurait pu produire de tout autres résultats. Si le général de Failly, comme il le pouvait, avait amené deux de ses divisions au maréchal de Mac-Mahon, la bataille de Wœrth eût été probablement indécise.

Nous ne croyons pas, comme d'autres, que l'arrivée du 5e corps aurait suffi à désorganiser la IIIe armée allemande; mais si on l'eût rejetée au delà de la Sauer, après lui avoir infligé de grandes pertes, c'eût été déjà un résultat très appréciable.

Si Bazaine, comme il le devait, avait amené ses forces à Forbach, les troupes avancées des Ire et IIe armées auraient été battues et probablement obligées de repasser la Sarre.

Voilà les résultats qu'on pouvait obtenir si le 6 août les chefs de l'armée française avaient utilisé pour le mieux les forces qu'ils avaient en présence de l'ennemi.

Mais il ne faut pas croire que ces résultats eussent été des succès décisifs.

D'une part, en Alsace, les deux armées seraient restées en présence le lendemain, ayant l'une et l'autre besoin de se refaire, et certainement l'armée française n'eut pas été en mesure de compléter son succès en prenant l'offensive contre une armée numériquement double et qui pouvait encore être renforcée par le VIe corps. Tout au plus aurait-elle pu résister à une nouvelle attaque de front.

D'autre part, l'armée de Lorraine, même avec l'appui du 4e corps et de la Garde, n'aurait pas pu davantage prendre l'offensive au delà de la Sarre, car, en la supposant encore appuyée d'une partie du 6e corps, elle n'aurait pas présenté plus de 170,000 hommes, et les Ire et IIe armées allemandes, dès le 8, pouvaient leur opposer près de 300,000 hommes[1].

On eût donc été impuissant de ce côté comme de l'autre et réduit à l'expectative.

Au contraire, rien n'eût empêché la IIe armée allemande de se jeter en masse sur la Sarre, de Sarrebruck à Rohrbach, et alors tous les avantages obtenus eussent été rapidement perdus.

Par Lemberg et Ingwiller, elle aurait pris à revers l'armée d'Alsace et l'aurait obligée à se retirer, en supposant que la IIIe armée n'y eût pas suffi, et, dans ces conditions, les Français n'auraient même pas pu revenir par Saverne, car les Allemands auraient occupé Sarrebourg avant eux; ils ne pouvaient plus gagner la Lorraine que par le col de Schirmeck. Alors, l'armée de Lorraine se fût trouvée seule en présence du gros des forces allemandes. Débouchant par Sarreguemines et Sarre-Union, la IIe armée aurait débordé sa droite et l'aurait forcée à se retirer sur Metz.

Les deux armées françaises étaient séparées pour longtemps, et les Allemands devenaient maîtres rapidement de tout le pays compris entre la Moselle et les Vosges. Ces résultats étaient inévitables, même avec les succès supposés le 6; ils étaient la conséquence forcée des dispositions prises par les Français sur l'ensemble du théâtre des opérations. La grosse faute consistait à ne pas avoir compris l'importance des Vosges, dont nous devions rester absolument maîtres pour permettre à nos forces de s'appuyer mutuellement. Si l'on avait été pénétré des propriétés stratégiques de cette région, on aurait pu, grâce aux fautes de nos adversaires, atteindre, le 6, d'importants résultats.

Malgré les défectuosités des mouvements antérieurs, rien n'était encore perdu au moment du combat de Wissembourg.

Il était encore temps de réparer les fautes commises. C'est ce qui nous reste à montrer pour terminer cette étude des premières opérations décisives de la guerre de 1870.

---

[1] Il y avait, il est vrai, l'effet moral, mais ce ne pouvait être suffisant pour permettre à l'armée française de lutter avec avantage contre des forces doubles.

III

Ce que l'on pouvait faire

D'après l'exposé de l'ouvrage de l'État-Major Général, ce qu'il y aurait eu de mieux à faire en apprenant l'échec de Wissembourg, c'eût été de prescrire au maréchal de Mac-Mahon de ne pas accepter le combat avant d'avoir reçu des renforts, et, en attendant, de se retirer en appuyant sa gauche aux Vosges et en se couvrant successivement de la Sauer, de la Zinzel et du Rothbach, de manière à arriver sur la Moder le 7 août. Pendant qu'il exécuterait ainsi sa retraite en combattant sans se compromettre, on l'appuierait à droite du 7e corps, et à gauche du 5e et du 3e, sauf une division de ce dernier. Les divisions du 7e corps arriveraient rapidement par voie ferrée, tandis que celles du 5e et du 3e corps rallieraient successivement le 1er à travers les Vosges, à Niederbronn le 5, à Ingwiller le 6, à Weiterswiller le 7[1].

L'armée française disposait alors d'une force de 124,000 hommes et était en mesure de résister entre la Moder et la Zorn à toutes les attaques de la IIIe armée allemande.

Nous n'en doutons pas, mais nous sommes convaincu que dans de pareilles conditions cette armée se serait bien gardée de nous attaquer seule.

Il n'est pas admissible qu'elle n'ait pas eu plus ou moins connaisance de la marche des renforts ; dès lors tout en suivant le maréchal de Mac-Mahon dans sa retraite, elle aurait pris position devant lui après avoir dépassé Ingwiller ; là, elle aurait

---

[1] E.-M. F., V. page 268.

attendu l'entrée en ligne de la IIe armée, et rien n'aurait pu gêner l'intervention de cette dernière; car, par les mouvements du 3e et du 5e corps, toute la zone comprise entre Sarreguemines, Bitche et Sarre-Union, eût été dégarnie de troupes. Dès le 7, cette armée y aurait eu ses avant-gardes et serait entrée en relation avec la IIIe armée allemande par Lemberg; deux jours plus tard la IIe armée était à Sarre-Union et au Pûberg, et les deux armées allemandes étaient en mesure de combiner leurs opérations contre l'armée française.

Si, dans ces conditions celle ci eût accepté la bataille, elle courait au devant d'un désastre ; car avec seulement trois corps de la IIe armée les forces allemandes se trouvaient portées à 250,000 hommes, et il en restait encore plus de 100,000 sans compter la Ire armée, pour tenir en échec les forces françaises de la Lorraine.

En reculant jusque sur la Zorn, l'armée française y eût peut-être trouvé de plus grands moyens de résistance; il eut cependant été bien imprudent de risquer une grande bataille avec une pareille infériorité de forces.

Mais admettons même que la force de la position eût été telle qu'on y put défier les attaques des armées allemandes, la situation n'en eût pas été pour cela bien meilleure. Devant une position plus ou moins invulnérable, les Allemands n'avaient qu'à ne pas attaquer, et c'est même, croyons-nous, ce qu'ils auraient dû faire dans tous les cas. Dès que la IIe armée aurait atteint Sarre-Union, ce que les Allemands avaient de mieux à faire eût été au lieu de soutenir la IIIe armée en Alsace, de l'attirer elle aussi sur la Sarre. D'après l'ouvrage de l'État-Major Général ils ne pouvaient pas le faire en laissant sur leur flanc gauche les 1er et 7e corps.

Pour nous, il est manifeste, au contraire, que quand même les corps 3e et 5e auraient été avec les deux autres, rien n'empêchait nos adversaires d'exécuter un pareil mouvement. Laissant deux corps à Ingwiller pour se couvrir, le reste aurait pu marcher sur Sarre-Union, les uns par le Pûberg, les autres par Lemberg, et toute la IIIe armée se serait établie à cheval sur les Vosges sans courir le moindre danger, et en laissant alors à la IIe armée tout entière la liberté de combiner ses mouvements avec la Ire, pour accabler nos forces de Lorraine. « Nourris à l'école de

Clausewitz, dit encore l'État-Major, les Allemands ne l'eussent jamais fait. »

Nous dirons d'abord que d'une manière générale nous nous méfions des théories de Clausewitz, et surtout des applications que l'on peut en faire.

Les positions de flanc peuvent être très avantageuses dans certains cas; mais leur utilisation ne doit pas être une règle absolue. La manière de voir de Clausewitz sur ce point peut être en harmonie avec celle du général Rogniat, mais nous croyons que celle de Napoléon est préférable. Une des conditions essentielles à réaliser en occupant de pareilles positions, c'est de menacer les communications de l'ennemi sans compromettre les siennes. Cette condition, par exemple, était satisfaite par Dumouriez lorsqu'il vint s'établir au camp de Sainte-Menehould; car, s'il découvrait la route de Paris, il avait sa retraite assurée sur la haute Marne.

Elle ne l'eût pas été, au contraire, en 1806, si les Prussiens, comme l'aurait voulu Clausewitz, s'étaient établis sur la Saale en y prévenant l'armée française et en prenant leur ligne de retraite sur la Thuringe; car c'eût été abandonner leurs communications avec le cœur du royaume. L'objectif immédiat de Napoléon en 1806 n'était pas Berlin, mais l'armée prussienne. D'une manière ou d'une autre, il l'aurait battue, bientôt cernée et affamée; l'application de Clausewitz, dans cette circonstance, est donc complètement fausse.

Il n'y a d'ailleurs aucune raison de croire qu'en 1870, en considération des préceptes de Clausewitz, M. de Moltke n'aurait pas porté la IIIe armée sur la Sarre. On est même en droit de penser exactement le contraire, car un pareil mouvement était dans ses vues générales.

Il voulait l'exécuter après avoir rejeté sur Haguenau les forces françaises qu'il croyait peu nombreuses [1], et l'on doit penser que ce n'est pas la présence d'une armée de 120,000 hommes sur la Moder ou la Zorn qui l'en eût empêché.

La position que l'on signale comme ayant dû être prise par les Français sur la Moder ou sur la Zorn, en supposant qu'elle ne

---

[1] G. E.-M., 2e livraison, page 272.

fût pas très dangereuse, n'avait aucune valeur, parce qu'elle ne menaçait rien du tout. Qu'aurions-nous pu faire après l'avoir occupée? En sortir pour attaquer l'ennemi en marche à travers les Vosges; mais il aurait immédiatement fait face à gauche entre Sarre-Union et Ingwiller, et au besoin se serait retiré sur Rohrbach et Sarreguemines en attendant l'appui de la IIe armée. La IIIe armée aurait ainsi abandonné sa ligne d'opération initiale, mais elle pouvait le faire sans le moindre inconvénient, car il n'est pas admissible qu'une armée de 120,000 Français ait pu avoir l'idée de se reporter sur la Lauter en ayant sur son flanc gauche 400,000 ennemis bien liés ensemble ; c'eût été vouloir se faire jeter dans le Rhin sans ressources.

L'idée de réunir quatre corps français sur la Moder, en abandonnant les passages septentrionaux des Vosges, n'était donc pas la solution juste après l'affaire de Wissembourg. En cherchant à la réaliser, on était conduit peut-être à un désastre, au moins à l'impuissance.

On trouve encore dans l'ouvrage de l'État-Major français une autre proposition consistant à ne laisser en présence de l'armée du Prince royal que des arrière-gardes[1] chargées de retarder sa marche dans les défilés des Vosges, et à grouper en Lorraine toutes les forces disponibles. C'eût été un pis-aller qu'il fallait chercher à éviter, car il nous aurait conduits à une bataille dans des conditions d'infériorité numérique par trop grandes, ou à une retraite méthodique dans la direction du Sud.

Cette dernière disposition eût été la moins mauvaise, mais nous pensons qu'il y avait mieux à faire, et il nous semble que l'on aurait été presque forcément conduit à la solution que nous croyons juste, si l'on avait possédé dans les régions supérieures de l'armée de bons principes : principes généraux au sujet de la nécessité de la liaison des forces, et principes de circonstances, tenant aux propriétés essentielles du théâtre des opérations.

Comme nous l'avons déjà dit, en présence d'une offensive se réalisant par deux lignes d'opérations séparées par la chaîne montagneuse des Vosges, l'idée fondamentale qui devait diriger

---

[1] E.-M. F., V. page 271.

nos opérations défensives consistait à accepter la lutte d'un côté et à la refuser de l'autre.

Ce n'était qu'à cette condition que nous pouvions profiter de la séparation des armées allemandes et obtenir quelque succès malgré notre infériorité numérique. Si l'on voulait combattre sur la Sarre, il fallait donc prescrire au maréchal de Mac-Mahon de se dérober à l'attaque dont il était menacé; si, au contraire, on voulait livrer bataille en Alsace, il fallait l'éviter en Lorraine, renforcer autant que possible le maréchal de Mac-Mahon, sauf à céder le terrain sur la Sarre si l'on y était attaqué par des forces supérieures. Voilà avant tout ce qu'il fallait comprendre et ce que l'empereur Napoléon III a méconnu, en voulant former deux armées, l'une en Alsace et l'autre en Lorraine, et les abandonnant aux inspirations de leurs chefs respectifs. Ces dispositions étaient d'autant plus insuffisantes que les deux armées, ainsi brusquement constituées, n'étaient pas concentrées; leurs chefs improvisés n'étaient pas fixés sur le rôle qu'ils avaient à remplir; les maréchaux de Mac-Mahon et Bazaine ne savaient ni l'un ni l'autre dans quelles conditions ils devaient livrer bataille, ni quelles étaient leurs lignes de retraite éventuelles[1]. C'était une raison suffisante pour que tout allât mal des deux côtés. Au lieu de former deux armées indépendantes, il aurait fallu s'appliquer à lier intimement les mouvements de toutes les forces françaises, ce qui ne pouvait avoir lieu que par l'intervention directe et rapide du généralissime.

Une fois bien pénétré de ces idées, il ne restait plus qu'à choisir le théâtre de la lutte. Or, le soir du 4 août le moment était venu de choisir, car non seulement l'invasion était imminente, mais elle avait déjà commencé en Alsace.

Si l'on n'avait eu en vue que la concentration la plus rapide, on pouvait être amené à rechercher l'action principale en Lorraine, car en quarante-huit heures les corps 2e, 3e, 4e, 5e pouvaient être concentrés, et ils pouvaient être suivis de près de la

---

[1] D'après le général Lewal (*Journal des Sciences militaires*, juin 1901, page 342), le maréchal de Mac-Mahon en acceptant la bataille à Woerth n'aurait fait qu'exécuter les instructions de l'empereur. On ne trouve nulle part trace de ces instructions, le maréchal était libre d'accepter ou de refuser la bataille.

Garde et du 6e corps dont la fraction principale pouvait être portée en trois jours sur Saint-Avold, tandis que le reste était laissé à Metz; c'eût été, avec les réserves de cavalerie et d'artillerie, une masse d'environ 200,000 hommes, susceptible de présenter une résistance soutenue sur la Sarre. Mais on était mal fixé sur l'adversaire qu'elle avait devant elle; on ne savait ni sa force numérique ni sa position exacte. On était à peine en contact avec lui.

Depuis le 1er août on savait que les forces allemandes se rassemblaient en trois masses : l'une dans le Palatinat bavarois, c'était celle qui venait de prendre l'offensive à Wissembourg; une autre, la principale, comprenant plus de 150,000 hommes se formait en avant de Mayence et de Manheim, ses corps de tête étaient en marche, vers la Sarre; la troisième, forte de 60,000 à 70,000 hommes, se tenait au delà de la Sarre, entre Sarrelouis et Trèves.

Le combat de Sarrebrück n'avait rien ajouté à ces renseignements, dont l'exactitude était confirmée les jours suivants.

Le 3, on sait que ce sont les VIIe et VIIIe corps qui sont sur la basse Sarre, on craint leur irruption sur la rive gauche, c'est ce qui provoque les mouvements du 4e corps vers la Moselle; le 4, on apprend que ce rassemblement, qui est sous les ordres du général Steinmetz [1], paraît remonter la Sarre en se rapprochant de Sarrelouis; mais on ne sait rien des progrès de la masse centrale vers la Sarre. Elle en semble encore éloignée de plusieurs marches. En se portant à sa rencontre, on pouvait rester plusieurs jours dans l'inconnu. En un mot, les renseignements que l'on avait de ce côté ne permettaient pas d'agir en connaissance de cause. Il en était autrement de l'autre côté des Vosges. Le maréchal de Mac-Mahon et le général Ducrot avaient reconnu 80,000 hommes. Il était probable que ce n'était pas tout; on avait donc de ce côté une grande armée toute prête à envahir l'Alsace; on savait à qui se prendre; restait à savoir si l'on avait le moyen de lui résister. Si l'on voulait le faire, il n'y avait pas de doute sur la position à choisir, c'était celle de la Sauer,

---

[1] E.-M. F., V. page 274.

recommandée par le général Frossard, à la condition de pouvoir y réunir rapidement des forces suffisantes.

Il n'y avait pas de temps à perdre; car de la Lauter l'ennemi pouvait y arriver en une marche, et commencer l'attaque le 6, dans la matinée. On ne disposait donc que d'un jour et de deux nuits pour amener des renforts au maréchal de Mac-Mahon.

Afin d'apprécier ce qu'on pouvait lui conduire, il faut se rappeler quelle était au juste la situation des corps français le 4 au soir, et ensuite se rendre compte des moyens dont on disposait pour amener des renforts sur la Sauer.

A ce moment, comme nous l'avons vu, nos corps occupaient les positions suivantes :

2e corps. Vis à-vis de Sarrebrück.
3e — De Saint-Avold à Boulay.
4e — De Teterchen à Sierck, par Bouzonville.
5e — 2 divisions à Sarreguemines et 1 à Bitche.
6e — Camp de Châlons—Reims—Paris.
7e — 1 division Mulhouse et Colmar; 1 division Altkirch—Belfort avec l'artillerie de réserve.
Garde. Volmérange.

Dans cette situation, le 5e corps seul pouvait arriver rapidement par voie de terre en Alsace; mais il faut remarquer que, pour amener des troupes sur la Sauer où le 1er corps devait s'établir, on disposait de trois voies ferrées :

1re ligne. De Metz à Niederbronn, par Saint-Avold et Bitche.
2e — De Châlons à Saverne, par Bar-le-Duc et Nancy.
3e — De Belfort à Haguenau, par Colmar et Strasbourg.

Par la première ligne, on pouvait amener la Garde; par la seconde, 2 divisions du 6e corps; par la troisième, 2 divisions du 7e corps.

La Garde était à Volmérange; elle pouvait être rendue à Rémilly et Faulquemont le 5 dans la matinée, et commencer son embarquement à 9 heures. Les trains se succédant de demi-heure en demi-heure, la 1re division eût été rendue à Reichshoffen dans la soirée; la 2e division, voyageant la nuit, y aurait été réunie dans la matinée du 6; la première eût été disponible sur le champ de bataille de Wœrth à la pointe du jour; la deuxième à partir de midi. On aurait joint à ces deux divisions seulement un régiment de cavalerie légère; le gros de la division de cavalerie serait resté sur la Nied avec toutes les batteries à cheval. Ces dernières troupes auraient été dirigées le 5 sur Faulquemont, les parcs sur Morhange.

Le 6e corps était en formation au camp de Châlons; la 1re division aurait pu commencer son embarquement le 5 au matin. La 1re brigade débarquait au delà de Saverne, à Hochfelden et Mommenheim le soir, et s'avançait de quelques kilomètres dans la direction de Mertzwiller sur la Zinzel; l'artillerie et la 2e brigade débarquaient le 6 à la pointe du jour et marchaient dans la même direction. Vers 10 heures, la tête de colonne de la division pouvait déboucher de Mertzwiller et une heure plus tard arriver à Morsbronn; une brigade de la 2e division aurait encore pu arriver sur le champ de bataille dans la soirée, le reste seulement le lendemain.

Le transport de l'infanterie eût été facile, celui de l'artillerie et de la cavalerie l'était moins. Nous admettons que les divisions du 6e corps n'auraient emmené avec elles que leur artillerie divisionnaire et un régiment de cavalerie; mais il y avait moyen d'augmenter la proportion de ces deux armes en songeant que la division de chasseurs d'Afrique était en formation à Lunéville, et la réserve générale d'artillerie à Nancy. On pouvait diriger par voie ferrée sur Mommenheim un régiment de chasseurs d'Afrique avec les deux batteries à cheval de la division, et sur Hochfelden quatre batteries montées du 13e régiment. Ils y auraient attendu les régiments de la 1re brigade venant du camp et marché avec eux sur Mertzwiller. On aurait donc eu, avec la 1re division, un régiment de cavalerie et neuf batteries; le régiment de cavalerie légère du 6e corps serait arrivé avec la 2e division.

Le 7e corps avait sa 1re division à Colmar et Mulhouse; la 2e à Altkirch et Belfort avec l'artillerie de réserve et une brigade de cavalerie de trois régiments. La 1re division pouvait être transportée le 5, comme cela a eu lieu, et se trouver sur le champ de bataille le 6 au matin.

Une brigade de la 2e division, voyageant la nuit, pouvait débarquer à Haguenau le 6 avec un régiment de cavalerie, l'artillerie divisionnaire et quatre batteries de l'artillerie de réserve, et participer à la bataille le jour suivant.

La seconde brigade de cette division, avec les deux autres régiments de cavalerie et les deux batteries à cheval seraient restés en avant de Belfort pour couvrir la place. On aurait même pu attirer cette brigade vers le Nord, à la condition d'appeler sur Belfort quelques bataillons de la division de Lyon.

Prévenus le 4 au soir, ces bataillons pouvaient partir dans la matinée du 5 et seraient arrivés à Belfort le jour même; la seconde brigade de la 2e division était donc en mesure de suivre immédiatement la première, elle pouvait arriver à Haguenau dans l'après-midi du 6. On pouvait employer de semblables dispositions au sujet de Strasbourg, en y appelant quelques bataillons de la division du Midi[1], qui, en partant le 5 au matin, seraient arrivés dans la journée du 6, ce qui aurait permis de porter toutes les troupes du 1er corps en face de l'ennemi[2].

Avec ces dispositions, le 1er corps au complet se trouvait renforcé le 6 : de 2 divisions de la Garde avec six batteries, de 1 division du 6e corps avec neuf batteries, de 3 brigades du 7e corps avec dix batteries.

A ces renforts, il faut joindre les troupes du 5e corps qui pouvaient arriver par voie de terre. Mais en même temps, il importait de ne pas laisser dégarnir la partie de frontière comprise entre Sarreguemines et Bitche, de manière à empêcher l'ennemi qui pouvait venir de Deux-Ponts et de Bliescastel, de couper en deux les forces françaises.

Ce serait une grosse erreur de croire que les considérations géographiques ou topographiques sont sans utilité dans la conduite des opérations militaires.

---

[1] Cette division, qui comprenait les régiments 22e, 34e, 58e, 72e, n'a été portée sur le théâtre des opérations que beaucoup plus tard, mais le 4 août elle était déjà, au moins en partie, disponible.

[2] Tous ces mouvements par voie ferrée étaient possibles, il n'y avait de difficulté que pour la Garde, parce qu'il fallait disposer à Metz du matériel nécessaire; mais cette difficulté n'était pas insurmontable. On disposait de la nuit des 4 au 5 pour amener le matériel par la ligne des Ardennes, il suffisait qu'il arrivât au fur et à mesure des besoins, et, quand même on aurait éprouvé quelque retard, cela n'eût pas empêché la seconde division d'arriver sur le champ de bataille au moins l'après-midi du 6.

Les premières sont aussi importantes en stratégie que les secondes en tactique ; le nier, c'est méconnaître une des données fondamentales de tout projet d'opérations. Les grands capitaines de tous les temps en ont tenu compte pour arrêter leurs dispositions, tant au sujet des directions à suivre, que des positions à occuper ; leur stratégie ne s'est jamais réduite à aller droit à l'ennemi pour le combattre, sans tenir compte des communications des uns et des autres. C'était peut-être la manière de faire d'Attila, mais quoi qu'en ait dit Clausewitz et quelques-uns de ses admirateurs français, ce n'a jamais été celle de Napoléon, qui, en toutes circonstances, a fait exactement le contraire.

A la suite du combat de Wissembourg, il y avait donc un ensemble de dispositions à prendre, et dont l'initiative n'appartenait qu'au général en chef. D'abord pousser le 5e corps vers l'Alsace et, comme il n'y avait pas de temps à perdre, lui donner à ce sujet les instructions les plus précises. L'empereur était intervenu dans le détail des mouvements du 3e corps, et il avait eu tort, parce que les divisions de ce corps d'armée étaient depuis longtemps sous la main du maréchal Bazaine ; s'il avait pris de semblables dispositions pour le 5e corps, il aurait eu raison, parce que le 5e corps était divisé en plusieurs fractions, et loin du maréchal de Mac-Mahon, avec qui il n'était pas en relation les jours précédents.

Voulant soutenir ce dernier, l'empereur aurait donc dû prescrire le 4, au soir, au général de Failly, de mettre de suite en marche vers l'Alsace le gros de son corps d'armée, en échelonnant deux de ses divisions et en laissant la troisième entre Sarreguemines et Bitche, jusqu'à ce qu'elle eût été remplacée par des troupes du 3e corps. Cette disposition eût été nécessaire, tant pour couvrir la route d'Ingwiller que pour protéger la voie ferrée dont devait se servir la Garde [1] ; le 5e corps pouvait exécuter son mouvement de la manière suivante :

D'abord, pour la soirée du 4, laisser la division de Lespart à Bitche, mais lui prescrire de partir pour Niederbronn, le lendemain à 5 heures du matin, en laissant un régiment à Bitche jus-

[1] On sait qu'en réalité le chemin de fer a été détruit à Bliesbrucken dans la soirée du 5, mais avec un peu de vigilance il eût été facile de l'empêcher.

qu'à ce qu'il eût été relevé; établir la division Goze de Neunkirchen à Bliesbrucken avec la mission spéciale de protéger la voie ferrée; échelonner la division de L'Abadie sur la route de Rohrbach avec l'artillerie de réserve, un de ses régiments restant provisoirement à Sarreguemines.

Au 3e corps, porter le soir même une brigade de la division Castagny sur Marienthal avec l'artillerie divisionnaire.

Le 5, la division de Lespart se porte sur Niederbronn, où elle arrive vers 10 heures, laissant à Philipsbourg le régiment de Bitche avec un escadron de cavalerie.

La division de L'Abadie marche dans la matinée sur Rohrbach, l'après-midi sur Bitche, où son dernier régiment (le 84e) est dirigé par voie ferrée, dès qu'il a été relevé à Sarreguemines.

A cet effet, pendant que la 1re brigade de la division Castagny se portait de Marienthal sur Sarreguemines par voie de terre, la 2e brigade était transportée de Saint-Avold sur le même point par voie ferrée. Les trains amenant le premier régiment enlèvent le 84e pour le conduire à Bitche [1]. Le mouvement commençant à Saint-Avold à 4 heures du matin, le 84e aurait été rendu à Bitche vers 7 heures, et le dernier régiment de la division Lespart pouvait de suite se mettre en marche pour Philipsbourg.

Pendant que la division Castagny était ainsi dirigée sur Sarreguemines partie par voie ferrée, la division Montaudon pouvait y arriver de Rosbruck et avait dans la matinée au moins une brigade entre Roubling et Sarreguemines.

Dès que cette brigade se montrait à Roubling, la division Castagny relevait la division Goze sur les positions de Neunkirchen à Bliesbrucken, pour protéger la voie ferrée, et cette division se portait par brigade sur Rohrbach, tandis que la division L'Abadie marchait sur Bitche. On aurait eu ainsi le soir du 5 :

La division Lespart de Niederbronn à Philipsbourg, la division L'Abadie à Bitche avec l'artillerie de réserve, la division Goze à Rohrbach, et les divisions Montaudon et Castagny aux environs

---

[1] Les trains servant au transport de la seconde brigade de Castagny pouvaient ensuite être renvoyés sur Faulquemont et être utilisés pour le mouvement de la seconde division de la Garde.

de Sarreguemines. Le reste du 3e corps et le 4e corps participaient au mouvement général vers la droite. On avait l'artillerie de réserve du 3e corps avec une brigade de dragons à Puttelange, la division Metman à Marienthal et la division Decaen à Saint-Avold ; le 4e corps entre Boulay et Bouzonville.

Enfin, pendant que deux divisions du 6e corps étaient portées en Alsace, l'infanterie de la 3e était transportée sur Verdun par voie ferrée, et de là, par terre, sur Metz où elle pouvait arriver le 7 ; la 4e, de Paris sur Metz, en utilisant la voie ferrée à la suite des deux premières : la cavalerie et l'artillerie par terre, du camp de Châlons sur Metz, où elles seraient arrivées le 9.

Le 6, les mouvements vers la droite continuaient : deux divisions du 5e corps appuient le 1er corps, le gros de la 3e restant entre Bitche et Rohrbach ; au 3e corps, Castagny restant de Neunkirchen à Bliesbrucken, la division Montaudon se portait sur Rohrbach, couvrant la route de Sarre-Union par Lorentzen ; la division Metman arrivait à Sarreguemines avec l'artillerie de réserve, la division Decaen à Puttelange ; enfin, le gros du 4e corps se portait sur Saint-Avold sauf une division qui, avec la cavalerie de Forton et celle de la Garde, restait à Boulay pour couvrir la direction de Metz.

Pendant qu'on se disposait ainsi à réunir le plus de forces possible sur la Sauer pour y livrer une grande bataille, on devait nécessairement rester sur la défensive vis-à-vis de Sarrebrück.

Le rôle du 2e corps était de surveiller les mouvements de l'ennemi en couvrant ceux du 3e corps : s'il était attaqué par des forces supérieures, il pouvait se retirer d'abord sur Cadenbronn, puis sur Puttelange ou Saint-Avold.

Avec ces dispositions on aurait donc eu le 6, pour renforcer le 1er corps :

2 divisions de la garde ;
2 divisions du 5e corps ;
1 division du 6e corps } au moins.
1 division du 7e corps }

C'est-à-dire que l'on pouvait livrer la bataille avec plus de 100,000 hommes ; le jour suivant, l'arrivée d'une seconde division du 6e corps et d'une du 7e, aurait augmenté ces forces de 20,000 hommes.

Dès lors, on avait le moyen non seulement de briser l'attaque de la IIIe armée allemande, mais d'obtenir une victoire complète.

Dès le matin du 6, ayant sous la main au moins une division de la Garde et une du 5e corps, le général en chef, pouvait porter la 1re division du 7e corps sur Morsbronn, la division de la Garde entre Eberbach et Forstheim, celle du 5e corps restant disponible à Niederbronn ; avec ces seuls renforts, il était sûr de tenir tête à l'ennemi ; dès lors on pouvait songer à l'offensive.

Nous croyons que le mieux eût été de la prononcer par la droite, mais sans se presser, et seulement après l'arrivée de la 1re division du 6e corps. En attendant, il nous semble, qu'il eût été avantageux d'employer le 5e corps du côté opposé. A cet effet, la 3e division (Guyot de Lespart) aurait envoyé une brigade sur Neehwiller pour appuyer la division Ducrot ; l'autre brigade sur Jægerthal pour être en mesure de marcher sur Lembach par les chemins de la montagne.

Quant à la 2e division (L'Abadie), elle aurait dû, avec l'artillerie de réserve et un régiment de cavalerie, marcher directement de Bitche sur Lembach, mais avec la recommandation expresse de bien se lier à la précédente.

En appelant l'attention sur ce point, j'ai présent à l'esprit cette maxime de Napoléon sur laquelle j'ai souvent appelé l'attention : qu'il faut tourner ou déborder une aile sans séparer l'armée, et il fallait en tenir d'autant plus de compte dans les circonstances que nous envisageons que, en se portant de Bitche sur Lembach, la division L'Abadie pouvait être attaquée par un corps ennemi venant de la direction de Pirmasens et coupée de Bitche. Il fallait donc, tout en marchant vers un but bien déterminé, montrer de la vigilance et de la prudence.

Partant à 4 heures du matin de Bitche, la division du 5e corps pouvait arriver vers 7 heures à Stürzelbronn, où sa cavalerie pouvait être une heure plus tôt. Sans perdre de temps, elle aurait dû se mettre en relation par Dambach avec les troupes de la division de Lespart, envoyées sur Jægerthal.

Une fois la liaison assurée, et par suite aussi une ligne de retraite éventuelle, on pouvait continuer sur Obersteinbach et se lier de nouveau avec les troupes voisines par la haute vallée du Soulzbach.

La division L'Abadie aurait dû avoir pour instruction de ne pas dépasser Obersteinbach avant d'être renseigné sur ce qui se passait sur la Sauer; mais en même temps un détachement de la division Goze, avec cavalerie et artillerie, était porté sur Stürzelbronn pour protéger ses derrières et couvrir en même temps le chemin de Dambach[1].

Pendant ce temps, la lutte se développait sur la Sauer, combat d'usure entre les Ve et XIe corps prussiens et les divisions Raoult, Lartigue et Conseil-Dumesnil, et aussi entre la 4e division bavaroise et la division Ducrot; mais, au lieu d'arrêter les retours offensifs de cette dernière, on les aurait poussés à fond dans la direction de Lembach avec l'appui de la division de Lespart. La division L'Abadie, arrivant à Obersteinbach vers 9 heures, eût été prévenue rapidement de ce qui se passait et eût reçu l'ordre de se remettre en route pour Lembach.

Elle aurait pu y arriver entre 1 heure et 2 heures, pendant que la division de Lespart y marchait par Mattstall, avec une partie de la division Ducrot; le reste de cette division, avec la division Pellé, prolongeait la division Raoult vis-à-vis de Gersdorf pour être opposé au Ier corps bavarois. Avec ces dispositions, l'offensive sur Lembach eût été couronnée de succès et elle ne pouvait manquer d'avoir sa répercussion entre Wœrth et Morsbronn. Alors, entre 3 et 4 heures, c'eût été le moment de prendre une énergique offensive par la droite avec la division du 6e corps et la 1re de la Garde, tandis que la seconde soutenait le centre entre Frœschwiller et Wœrth.

Dans ces conditions, il n'est pas douteux que les Allemands auraient essuyé une défaite complète, que l'arrivée de deux nouvelles divisions le lendemain aurait rendue encore plus décisive; la IIIe armée eût été obligée de se retirer rapidement au

---

[1] La cavalerie du 5e corps pouvait être répartie de la manière suivante : un régiment de cavalerie légère avec la division Guyot de Lespart, l'autre avec L'Abadie. Un régiment de lanciers avec le détachement de la division Goze porté sur Stürzelbronn, l'autre avec le gros de la division Goze laissée entre Bitche et Rohrbach. Il eût été désirable d'avoir entre Bitche et Lembach une cavalerie plus nombreuse; pour cela, il aurait fallu renforcer la division Goze d'une brigade de dragons du 3e corps, ce qui était possible; alors on aurait pu disposer de la brigade de lanciers toute entière pour faire partie du détachement envoyé sur Stürzelbronn.

delà de la frontière, heureuse de trouver dans les places de Landau et de Germersheim les moyens de se rallier et de se refaire.

Il n'y avait qu'une chose à craindre, c'était que l'ennemi n'attaquât pas, car il y avait tout avantage à lui laisser l'initiative ; par suite, il fallait mettre toute son habileté à l'engager à la prendre. Pour cela, s'appliquer à dissimuler l'arrivée des renforts, simuler des préparatifs de départ, n'opposer tout d'abord que la résistance tout juste nécessaire pour arrêter ses progrès et se garder de se prolonger jusqu'à la forêt de Haguenau, de manière à inviter l'ennemi à tenter un mouvement débordant, comme Napoléon à Austerlitz ; mais avec l'intention de riposter non pas par le centre, mais par la droite. En s'y prenant bien, on avait toutes les chances de voir l'ennemi s'engager comme il l'a fait réellement, et alors les généraux allemands n'auraient retiré qu'un médiocre avantage de leur passage à l'Académie de guerre de Berlin.

Il est vrai que, de notre côté, il aurait fallu avoir médité les principes de la stratégie napoléonienne et avoir étudié le théâtre des opérations ; mais il n'était pas impossible qu'il y eût dans l'armée française quelque véritable homme de guerre à la fois sagace et énergique, et capable de faire payer aux Allemands leur imprudente offensive. Voilà ce que l'on pouvait obtenir en Alsace, si, le soir du 4 août, les chefs de l'armée française s'étaient rendu compte des ressources dont ils disposaient.

Mais, pour en tirer parti, il fallait non seulement que le généralissime donnât les premiers ordres le 4 au soir de Metz ; mais, de plus, qu'il se transportât le lendemain sur le théâtre des opérations. Le 5, à 10 heures du matin, l'empereur aurait dû être à Saint-Avold, à 4 heures à Sarreguemines, à 6 heures à Bitche, stimulant tous ses généraux, leur montrant le but à atteindre, et arriver à 9 heures du soir à Reichshoffen pour prendre le commandement direct des troupes réunies en Alsace[1].

---

[1] Lorsqu'une grande armée est divisée en plusieurs fractions, le généralissime pendant la période des mouvements préparatoires peut ne s'attacher spécialement à aucune d'elles ; mais il en est autrement dès qu'une grande bataille est imminente, et en général on doit éviter d'en livrer plusieurs à la fois, à moins que les théâtres d'opérations ne soient complètement indépen-

Il est certain qu'une victoire remportée sur la Sauer aurait complètement changé la tournure des opérations.

Bien entendu comme contre-partie il fallait prescrire la défensive sur la Sarre ; de ce côté le 2ᵉ corps attaqué pouvait se retirer sur Cadenbronn, mais quand même il aurait accepté la lutte à Forbach, dans les conditions où elle s'est développée, il ne courait aucun risque. Le lendemain, il pouvait être appuyé par deux divisions du 3ᵉ corps et deux du 4ᵉ, et les jours suivants par une partie des troupes revenant d'Alsace. Après la victoire supposée sur la Sauer on pouvait, en effet, ne laisser vis-à-vis de la IIIᵉ armée battue que le 1ᵉʳ corps, avec deux divisions du 7ᵉ. Le reste aurait été ramené sur la Sarre à travers les Vosges, pendant que les forces qui s'y trouvaient déjà se seraient repliées au besoin sur la ligne Lemberg—Sarre Union—Albestroff.

Sans doute tout n'était pas fini, car les Iᵉ et IIᵉ armées allemandes restaient intactes, et elles formaient ensemble 300,000 hommes ; mais on avait du répit, un premier succès aurait ralenti l'ardeur de nos adversaires en élevant singulièrement le moral de nos troupes, et le moins qui peut arriver était de retarder l'invasion de huit jours.

Nous croyons qu'aucune autre disposition ne pouvait amener d'aussi bons résultats que la concentration que venons d'indiquer, et le succès de cette concentration eût été d'autant plus probable qu'elle eût été inopinée. Elle était bien dans l'esprit des opérations que nous avions à diriger des deux côtés des Vosges ; mais pour la concevoir et l'exécuter en temps utile, il aurait fallu être pénétré de cet esprit, et nous reconnaissons volontiers qu'avec les idées qui avaient dirigé nos mouvements des jours précédents, on était plutôt porté à une concentration en Lorraine.

Assurément elle n'eût pas valu l'autre, mais elle pouvait donner aussi quelques bons résultats, et il fallait au moins la prescrire : l'essentiel était de ne pas vouloir livrer deux batailles

---

dants les uns des autres. Le 6 août la présence du général en chef en Alsace eût été d'autant plus nécessaire qu'il s'agissait d'opérer avec une armée qui n'était pas préalablement constituée, et dont la formation était au contraire le résultat d'une concentration inopinée.

à la fois ; mais puisque on ne renforçait pas le maréchal de Mac-Mahon, suffisamment pour lui permettre de combattre avec avantage, il fallait au moins se mettre en mesure de lutter en Lorraine. Avec ces vues, le 1er corps aurait eu l'ordre de se retirer sur les Vosges de manière à contenir la IIIe armée et en se reliant au 5e, qu'on aurait laissé entre Bitche et Sarreguemines. Le 5, on pouvait prendre à peu près pour les corps 3e et 4e les dispositions qui leur ont été prescrites. De plus, au lieu de rappeler la Garde sur Courcelles-Chaussy, il fallait la porter de Volmerange à Saint-Avold et appeler aussi sur ce point deux divisions du 6e corps, tandis que la 3e était dirigée sur Metz par voie de terre, avec le gros de la cavalerie et l'artillerie de réserve.

Enfin, l'empereur, n'allant pas en Alsace, aurait dû venir lui-même à Saint-Avold le 5 au soir. Il avait l'intention de se concerter le lendemain avec ses généraux, mais il aurait dû comprendre qu'il n'y avait pas de temps à perdre. S'il avait pris rapidement son parti, il aurait au moins obtenu un succès complet à Forbach : car le 6, non seulement trois divisions du 3e corps mais encore la Garde pouvaient appuyer le 2e corps, et dans ces conditions les Allemands auraient été repoussés en désordre au delà de la Sarre.

Celà ne valait pas la victoire qu'on pouvait obtenir sur la Sauer, parce qu'au lieu de battre toute une armée, on n'aurait eu affaire qu'à des avant-gardes ; cependant c'eut été un résultat très appréciable, qui aurait eu sans doute pour résultat de retarder de quelques jours l'offensive des deux premières armées allemandes : alors peut-être eût-on eu le temps de se retourner sur la IIIe armée, si elle avait suivi le maréchal de Mac-Mahon se retirant devant elle.

Le 6, il aurait pu reculer seulement au delà de l'Eberbach, et le 7 au matin jusqu'à Ingwiller ; l'après-midi, il aurait pu être soutenu de deux divisions du 5e corps avec l'artillerie de réserve, la troisième restant entre Rohrbach et Bitche ; si en même temps on eut envoyé sur Haguenau la 2e division du 7e corps avec plusieurs batteries, le maréchal aurait pu livrer bataille avec huit divisions bien complètes formant environ 80,000 hommes en y comptant la cavalerie de Bonnemains.

Il est probable qu'il n'aurait pas été battu en un jour, et les jours suivants il aurait pu recevoir d'autres renforts. D'abord le 3e corps appuyant à droite aurait pu rendre disponible la dernière division du 5e pour le 8. En outre en supposant qu'une division du 6e corps ait débarqué à Saint-Avold dans la matinée du 6, on ne l'aurait pas employée sur Forbach; mais dès qu'on aurait vu la tournure de la bataille, on pouvait la diriger sur Puttelange, et, le jour suivant 7, sur La Petite-Pierre. Le 8, dans l'après-midi, elle pouvait arriver à Ingwiller. Enfin, en prévision d'un pareil mouvement on pouvait prescrire aux troupes de la 2e division du 6e corps de ne pas dépasser Frouard sans nouvel ordre; le soir du 6, on aurait pu les diriger sur Saverne, d'où la division serait arrivée sur Ingwiller dans la journée du 7.

En tenant ferme dans cette journée, on aurait donc pu reprendre la bataille le 8, avec 30,000 hommes de plus, c'est-à-dire 110,000 hommes. Ainsi, même en cherchant la première bataille en Lorraine, on avait encore des ressources; cependant le succès était moins complet que de l'autre côté, car l'échec supposé des Allemands sur la Sarre aurait sans doute empêché la IIIe armée de s'aventurer en Alsace. Il l'aurait éclairée sur le danger que M. de Moltke lui avait fait courir en la poussant seule en avant, sans qu'elle put être soutenue par les autres.

On dira peut-être que les considérations que nous venons de présenter sont chimériques et que nous ne pouvions pas vaincre parce que les Allemands étaient trop nombreux. Il ne s'agit pas pour le moment de la victoire définitive, mais seulement d'avantages à recueillir immédiatement; or nous prétendons que ces avantages nous pouvions les obtenir parce que les combinaisons de M. de Moltke étaient défectueuses et de nature à faire disparaître pour quelques jours sa supériorité numérique.

Si on l'avait compris, on pouvait, le 6 et le 7, joindre le 1er corps avec 80,000 hommes et livrer la bataille avec 120,000 hommes.

Il est certain que dans ces conditions on l'aurait gagnée. Tout n'était pas fini, mais on avait des chances non seulement de prendre le dessus plus tard, mais même d'arrêter tout de suite l'ennemi à proximité de la frontière.

Ce qui est certain c'est qu'avec de l'activité et des vues judicieuses, on pouvait espérer quelques succès; l'inertie ne pouvait conduire qu'à la défaite. Et c'est ainsi que, disposant de 200,000 hommes, les chefs de l'armée française n'ont su en présenter à l'ennemi que 40,000 en Alsace et 30,000 en Lorraine, et le reste n'a servi à rien dans cette journée décisive du 6 août.

Voilà à quoi l'on arrive, lorsqu'on fait la guerre sans avoir médité les principes que l'étude de l'histoire permet d'apprécier; non pas qu'il faille jamais chercher à imiter servilement les exemples du passé, si brillants qu'ils soient, car il n'y a jamais deux situations semblables à la guerre; non pas encore bien moins qu'il faille chercher à appliquer quelques formules étroites, fabriquées dans les écoles, en croyant y trouver le chemin de la victoire, ce serait tomber dans un pédantisme, qui, comme dit Jomini, est pire que l'ignorance. Mais ce que l'on doit puiser dans l'étude de l'histoire, ce sont quelques principes généraux, qui sont les conditions de toutes les bonnes manœuvres et dont on doit toujours tenir compte dans la conduite des opérations militaires.

Or en 1870 l'application de ces principes était simple et nette.

D'abord éviter une bataille générale, qui en raison de notre infériorité numérique ne pouvait amener qu'un Leipzig ou un Sadowa ; par suite si l'ennemi se présentait en une seule masse, se retirer en défendant le terrain pied à pied. Dans le cas où l'ennemi suivrait deux lignes d'opérations, être bien résolu à ne pas livrer simultanément deux batailles l'une en Lorraine l'autre en Alsace. Refuser l'une pour avoir le gros des forces de l'autre côté. Partant de ces idées il n'y avait plus qu'à choisir la région de la bataille. Or, nous l'avons vu le 4 au soir, il n'y avait pas de doute sur le choix qu'il fallait faire, et même en ne choisissant pas bien on pouvait encore obtenir un succès relatif à la condition de se réunir en nombre quelque part en deçà de la frontière.

Mais au contraire, même après le combat de Wissembourg, l'empereur, tout en renforçant le maréchal de Mac-Mahon, songeait encore à prendre l'offensive au delà de la Sarre. Pendant le temps même que se livraient les batailles de Wœrth et de Forbach le major général écrivait au chef du 1er corps[1].

« Vous devez être maintenant en communication avec le général de Failly et vous avez dû recevoir l'ordre général de l'armée, qui place sous vos ordres supérieurs les 5e et 7e corps.

« Sa Majesté n'ignore pas que vous pouvez avoir devant vous des forces considérables qui paraissent se concentrer en arrière de Landau, mais Elle a toute confiance dans les dispositions que vous saurez prendre. L'énergie déployée par la division Douay montre ce que peuvent faire les braves troupes placées sous vos ordres. L'empereur me charge de vous dire que Bitche va être réoccupé sans doute le 8 et que Sa Majesté prépare un mouvement offensif sur la Bavière rhénane dont l'occupation de Bitche est une préparation. »

Et en effet en même temps le major général télégraphiait au maréchal Bazaine :

« L'intention de l'empereur est de se relier avec le maréchal de Mac-Mahon et en même temps de concentrer les corps d'armée d'une manière compacte. A cet effet, le 2e corps se rendrait à Bitche, le 3e à Sarreguemines, le 4e à Haut-Hombourg et la Garde à Saint-Avold. Les mouvements commenceront demain matin 7 août. »

Une opération de ce genre aurait pu être très juste huit jours plus tôt ; le 6 août c'était une absurdité, c'était aller dans l'inconnu, à la recherche d'un désastre plus grand que celui qu'on devait essuyer en deçà de la frontière, parce qu'il eût été beaucoup plus complet, et la retraite plus difficile.

Mais, en supposant l'opération praticable, il fallait au moins donner des ordres précis au maréchal de Mac-Mahon. L'offensive en Bavière rhénane exigeait qu'on eût toute sécurité sur le flanc droit; l'empereur comptait sur le maréchal, il était loin de croire qu'il allait faire écraser son corps d'armée, mais il n'eût pas été superflu de lui dire de battre en retraite devant des forces supérieures, de manière à être en mesure de défendre les passages des Vosges au sud de Bitche. Mais, nous le répétons, il

[1] E.-M. F., VII. D. A., page 10.

était trop tard pour prendre l'offensive n'importe où ; dans la situation réelle où l'on se trouvait le 6 au matin il n'y avait plus qu'une solution raisonnable : la retraite en Alsace, et la bataille à Forbach en y amenant le 3e corps. On n'aurait obtenu qu'un succès limité, mais qui cependant eût été très appréciable.

Et pour toutes ces dispositions d'ensemble, ce ne sont plus les maréchaux de Mac-Mahon et Bazaine qui sont responsables, mais l'empereur et le major général. Les deux premiers sont les auteurs de défaites qu'ils pouvaient éviter, les deux autres n'ont rien vu des moyens de vaincre qui étaient à leur portée ; de sorte qu'on peut dire que tous les chefs de l'armée française étaient également incapables de diriger de grandes opérations militaires.

Admirable et héroïque à Malakoff et à Magenta, parce qu'il y était à sa place dans des situations subordonnées, le maréchal de Mac Mahon venait de donner sa mesure comme général en chef sur le champ de bataille de Wœrth. Il avait montré les défauts de ses qualités ; intrépide sur le champ de bataille, il n'avait pas la hauteur de vues suffisante pour comprendre qu'à certains moments il faut savoir reculer ; sa ténacité, si précieuse dans d'autres circonstances, est devenue la cause de la ruine de son armée parce qu'il manquait de l'équilibre des facultés nécessaires à un chef d'armée.

Il semble que des principes de Napoléon il n'avait retenu que le seul qui fut absolument dangereux : c'est cette pensée que la lutte en toute circonstance est préférable à la retraite ; c'est ce qui avait conduit Napoléon à Leipzig, à Laon et à Waterloo : c'est ce qui devait conduire le maréchal à Wœrth.

Le maréchal Bazaine se distinguait profondément de son collègue, et ce n'est pas par excès d'humeur guerrière qu'il a amené la défaite de Forbach. Esprit indécis et méfiant, habitué aux petits moyens, il n'avait ni l'intelligence ni la volonté nécessaires pour voir juste et pour agir résolument. Les lacunes de l'esprit de ces deux hommes étaient, pour ainsi dire, de nature opposée ; ils se sont trouvés malheureusement dans des circonstances spécialement propres à les mettre en évidence, et il aurait peut-être suffi de les changer de place pour que les opérations prissent une tout autre tournure.

Qu'on suppose Bazaine en Alsace; en présence de forces manifestement très supérieures, il aurait battu en retraite et serait arrivé le soir parfaitement intact à Ingwiller, où il aurait pu être rejoint par le 5e corps.

Qu'on suppose en même temps Mac-Mahon en Lorraine; avec son tempérament guerrier, sa nature loyale et élevée, son caractère chevaleresque, il aurait été rapidement sur le champ de bataille et y aurait amené trois divisions sur quatre.[1]

Les généraux prussiens, malgré leur bonne entente, auraient été battus. Ainsi, d'un côté, une retraite en bon ordre au lieu d'une déroute; de l'autre, une victoire signalée au lieu d'une retraite.

Voilà l'importance du choix des hommes à la guerre; comme disent les Anglais : « *The right man in the right place* », chose dont on ne paraît pas se douter en France, pas plus aujourd'hui qu'il y a trente-cinq ans; on semble y croire, au contraire, que n'importe qui est bon à n'importe quoi.

Quant au maréchal Le Bœuf, il aurait peut-être pu, par son activité, son application au travail et son dévouement, être un major général acceptable, à la condition de n'être que l'instrument d'un homme de guerre supérieur; mais justement l'empereur Napoléon III, sans être absolument incapable, n'avait pas suffisamment médité la stratégie de son oncle pour diriger de grandes opérations dans des conditions difficiles. En outre, il n'avait plus l'activité de corps ni la souplesse d'esprit nécessaires pour saisir rapidement les bonnes occasions. Après avoir voulu prendre une offensive insensée au delà du Rhin, dès qu'il en reconnut l'impossibilité, il ne sut pas se retourner ni comprendre que, dans la situation réelle, il y avait encore de grandes ressources.

En somme, tous les chefs de l'armée venaient de montrer qu'ils étaient au-dessous de leur tâche. Et par les résultats qu'ils

---

1 En comparant les rôles joués par les deux maréchaux le 6 août, nous sommes loin de les confondre. Malgré le désastre de Wœrth, l'histoire sera indulgente pour le maréchal de Mac-Mahon, parce qu'en France surtout on est toujours porté à trouver des excuses pour ceux qui n'ont péché que par excès de courage; mais on sera avec raison impitoyable pour Bazaine, parce que, comme on l'a dit depuis, en face de l'ennemi, *il n'y a qu'une chose infamante, c'est l'inaction.*

avaient obtenus, on pouvait présager l'issue des opérations qui allaient suivre, non pas parce que ces résultats étaient irréparables, mais parce que la conduite de la guerre allait rester dans les mêmes mains. A la suite des deux défaites du 6 août, qui ouvraient la frontière à l'ennemi, on allait voir l'empereur démoralisé, incapable de prendre un parti, se demandant, pendant huit jours, s'il fallait se retirer ou faire tête à l'ennemi; bientôt pénétré de son impuissance, il allait se trouver amené à abandonner la direction des opérations pour la remettre entre les mains des deux hommes qui étaient les véritables auteurs de nos premières défaites. Après que les maréchaux de Mac-Mahon et Bazaine avaient montré qu'ils ne savaient pas diriger de petites armées, on allait leur en donner de grandes. On pouvait être sûr qu'ils les conduiraient à quelque catastrophe.

C'était l'opinion de nombreux officiers du 1er corps qui, en apprenant que le maréchal de Mac-Mahon, qu'ils avaient vu à l'œuvre, recevait le commandement d'une armée de 140,000 hommes, furent consternés et de suite convaincus qu'il la mènerait à un nouveau désastre.

En ce qui concerne Bazaine, sous la pression de l'opinion publique, que les chefs d'armée devraient toujours dédaigner, l'empereur allait le désigner comme généralissime. Dans ces conditions nous ne devions aller que de désastre en désastre, car Forbach annonçait Metz, comme Frœschwiller annonçait Sedan. Mais ce qui peut excuser l'empereur du choix des hommes entre les mains desquels il allait remettre les destinées de la France, c'est que, en cherchant bien, il n'aurait pas trouvé mieux.

Et c'est là, au fond, bien plus que dans l'insuffisance de la préparation que se trouve la vraie cause de la défaite finale. C'est pour cela que nous avons été battus et que nous devions l'être.

Quant à la direction imprimée aux armées allemandes, on peut dire qu'en présence des succès prodigieux qu'elles ont obtenus, la critique est en partie désarmée.

Néanmoins, malgré les résultats, nous répétons qu'en poussant, le 4 août, la IIIe armée sur l'Alsace, alors que la IIe n'avait même pas ses avant-gardes sur la haute Blies, et alors qu'on ramenait la Ire vers le Nord, M. de Moltke commettait une faute.

Il préjugeait l'attitude de ses adversaires, sans avoir aucune bonne raison pour justifier ses présomptions.

Il pensait que la IIIe armée n'aurait à faire qu'à des forces inférieures ; c'est ce qui a eu lieu, mais s'il avait bien étudié le théâtre des opérations, il eut compris qu'en quarante-huit heures le 1er corps français pouvait être renforcé par 80,000 hommes. Il n'aurait pu alléguer qu'un bon motif pour excuser son imprudence, c'est que, comme il connaissait les chefs de l'armée française, il savait qu'ils n'en profiteraient pas. Sans doute, ils n'en ont pas profité, mais en réalité il n'en pouvait rien savoir, car ils n'avaient pas encore donné la mesure de leur incapacité.

S'il s'était trouvé une tête dans l'état-major français, et que cette tête ait eu la confiance de l'empereur, la campagne eût débuté par la défaite de la IIIe armée allemande.

Le but des opérations militaires est la victoire. L'histoire montre que l'observation de certaines règles donne plus de chances d'y arriver, mais on ne saurait trop répéter que la valeur de ces règles n'est pas absolue ; on peut se faire battre en les appliquant et être vainqueur en les violant, parce que leur violation n'entraîne pas par elle-même les conséquences qu'elle est susceptible de produire, les résultats provenant en grande partie de ce que fait l'adversaire. Les dispositions qui conduisent à la défaite sont presque toujours mauvaises, mais celles qui mènent à la victoire ne sont pas toujours bonnes. Elles sont justes dans une certaine mesure, parce que le résultat a montré qu'elles étaient en rapport avec la résistance que l'ennemi devait présenter. Mais elles ont une valeur intrinsèque que le résultat seul ne suffit pas à mettre en évidence, et si, pour les apprécier, il n'est pas permis de négliger ce résultat, il faut en même temps tenir compte d'autre chose et considérer non seulement ce que l'adversaire a fait, mais aussi ce qu'il aurait pu faire. En se mettant à ce point de vue, on peut affirmer que les procédés employés par M. de Moltke en 1866 pour envahir la Bohême, en 1870 pour envahir la France, étaient loin de la perfection.

En 1866, les Autrichiens ont eu plusieurs jours devant eux pour battre la IIe armée prussienne avant que la Ire ait pu intervenir d'aucune manière.

En 1870, le chef d'état-major de l'armée prussienne qui, en réalité, remplissait le rôle de généralissime, avait d'abord fort bien compris qu'il fallait réunir la masse des forces allemandes dans la région comprise entre le Rhin et la Moselle ; c'était une position essentiellement stratégique qui convenait à toutes les éventualités ; mais, en les poussant sur la frontière, il n'a pas suffisamment assuré leur liaison, et il est certain que le 6 août les Français auraient pu obtenir un succès complet sur la IIIe armée allemande.

Qu'on ne vienne donc pas comparer M. de Moltke à Napoléon.

Sans doute, le chef de l'état-major de l'armée prussienne s'est montré fort remarquable dans la préparation de la guerre et dans l'étude des détails d'exécution ; mais pour la conception des opérations il est loin du génie de Napoléon.

L'objet de la stratégie est de combiner les mouvements des armées de manière à amener la bataille dans les conditions les plus avantageuses. C'est sur ce point que Napoléon est un maître incomparable aussi bien par ses écrits que par ses exemples. Assurément M. de Moltke connaissait les uns et les autres, mais, imbu des idées de Clausewitz, il a montré qu'il n'avait pas apprécié les principes de la stratégie napoléonienne à leur vraie valeur.

Il avait un moyen de rendre son offensive irrésistible, quoi que fissent les Français, c'était de déboucher en masse par la Sarre moyenne ; il ne s'en est pas douté ; il a semblé ne pas savoir qu'une *armée ne doit avoir qu'une ligne d'opérations.*

Il a néanmoins obtenu la victoire parce qu'il a eu la bonne fortune d'avoir devant lui des adversaires qui ne connaissaient pas du tout ces principes. Il les a trouvés formés en petits paquets de 30,000 à 40,000 hommes, tandis que les troupes allemandes étaient formées en gros paquets de 100,000 à 150,000 hommes. Nous reconnaissons volontiers que c'était suffisant pour éviter un grave désastre ; en même temps, la séparation de ces paquets n'était pas très grande, et de plus on restait près de la frontière avec des lignes de retraite assurées ; mais la IIIe armée pouvait cependant essuyer une vraie défaite, qui pouvait avoir pour conséquence de rendre impuissante une offensive ultérieure.

Et c'est ce qui montre une fois de plus que la victoire est non pas à celui qui ne commet pas de fautes, mais à celui qui en commet le moins.

Ceux qui approchent de la perfection, qui parfois l'atteignent, sont bien rares ; on en voit un par siècle.

C'est Turenne dans la campagne d'Alsace de 1674[1]; Frédéric à Rossbach et à Leuthen ; Napoléon en Italie, à Austerlitz et à Iéna. C'est pourquoi tout en commettant de nombreuses erreurs les généraux ont encore de grandes chances de vaincre si leurs adversaires ne leur sont pas supérieurs. Mais ce qui importe, lorsqu'on cherche dans l'étude des événements un enseignement, c'est de ne pas prendre pour modèles des dispositions qui ont amené la victoire lorsqu'elles auraient dû produire la défaite. Sadowa en 1866, Wœrth et Forbach en 1870 ont été obtenus malgré des combinaisons fausses dans leur principe.

A moins d'être sûr d'avoir devant soi un Benedeck ou un Le Bœuf, il faut donc se garder de chercher à imiter M. de Moltke; ceux qui seront appelés au commandement des armées feront mieux d'avoir devant les yeux les exemples du vainqueur d'Austerlitz et d'Iéna[2]. Là tout est parfait ; non seulement Napoléon a été vainqueur, mais il devait vaincre quoique fissent ses adversaires.

Il a tiré des troupes admirables qu'il commandait tout ce qu'elles pouvaient donner. M. de Moltke au contraire a fait

---

[1] Je sais que Napoléon a sévèrement jugé cette campagne, mais justement il est facile de montrer que sur ce point sa critique ne supporte pas l'examen. La démonstration a d'ailleurs été en partie faite par M. le capitaine Richard. (*Journal des Sciences militaires*, juillet 1901.)

[2] On peut soutenir aujourd'hui (1905) que les récents progrès de l'armement des troupes sont de nature à amener des modifications dans la conduite générale des opérations ; des esprits également compétents envisagent la guerre de l'avenir d'une manière opposée. Nous n'essayerons pas de traiter une pareille question d'une manière incidente ; *à priori* nous croyons que la vraie solution est dans un juste milieu. Mais ce qui est certain, c'est qu'en 1870 les principes de la stratégie napoléonienne avaient autant de valeur qu'au commencement du XIXe siècle. Il s'en faut que les résultats obtenus prouvent le contraire ; car si les Allemands ont obtenu la victoire en s'écartant parfois de ces principes, il faut convenir en même temps que du côté des Français on n'en avait pas la moindre idée. On ne peut donc pas dire que c'est la stratégie napoléonienne qui a eu tort.

livrer la première bataille avec moins de la moitié de ses troupes : s'il y avait eu en France un homme de guerre supérieur, il aurait commencé par être battu, et il n'aurait pas eu le droit de se plaindre, parce qu'il l'aurait mérité.

TABLE DES MATIÈRES

Paris. — Imprimerie R. Chapelot et Cie, 2, rue Christine.

WŒRTH ET FORBACH (1870)

Carte d'ensemble

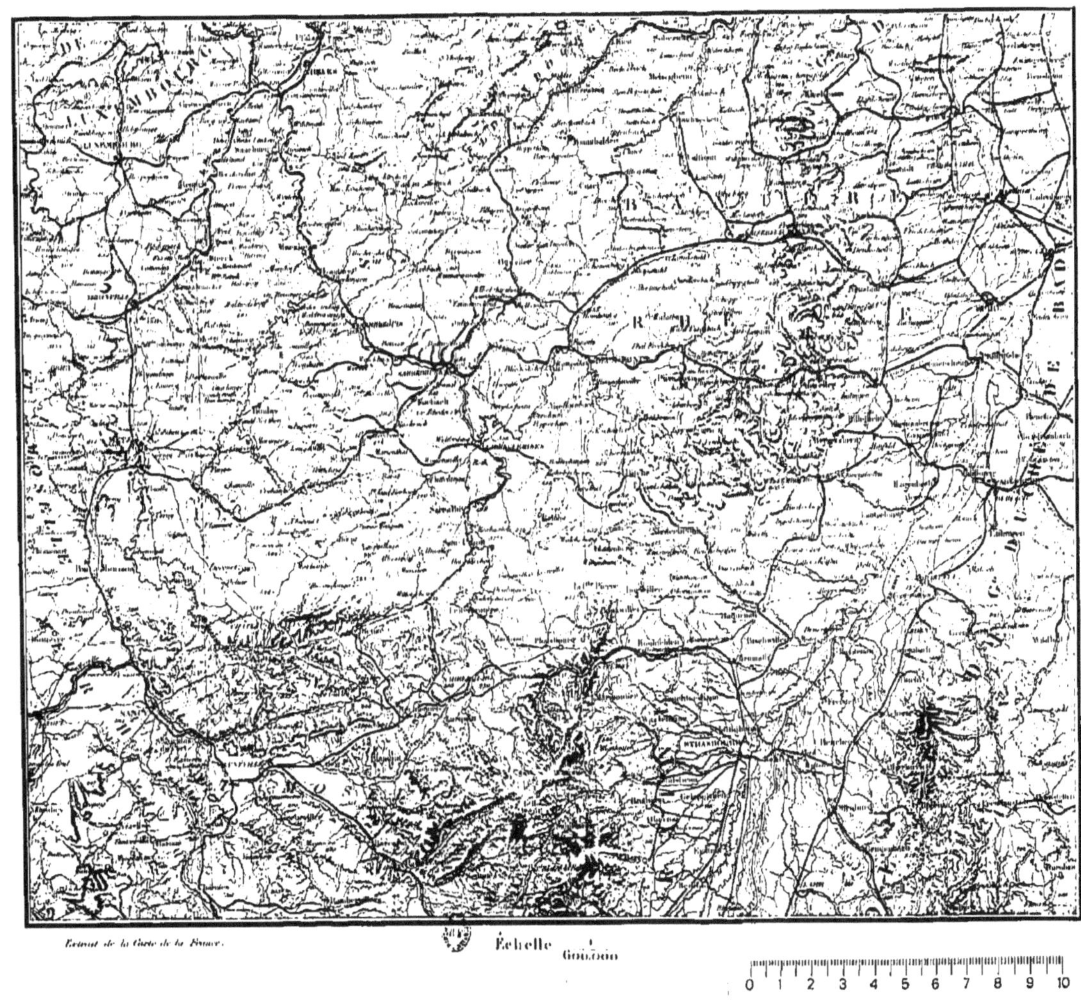

Extrait de la Carte de la France.

Échelle $\frac{1}{600.000}$

www.ingramcontent.com/pod-product-compliance
Lightning Source LLC
LaVergne TN
LVHW020348230826
846091LV00003B/1041

9782013451123